Prix : 60 centimes

AUTEURS CÉLÈBRES

René MAIZEROY

SOUVENIRS D'UN OFFICIER

PARIS

MARPON ET E. FLAMMARION

ÉDITEURS

26, RUE RACINE, PRÈS L'ODÉON

SOUVENIRS

D'UN OFFICIER

OUVRAGES DU MÊME AUTEUR

Passions, 1 vol. in-18 .... 3 fr. 50

Lalie Spring, 1 vol. in-18.............................. 3 fr. »

La Joie d'aimer. (Illustrations de Besnier.) 1 vol. in-18. 5 fr. »

Celles qui Osent. (Illustrations de Kauffmann.) 1 vol. in-18. 5 fr. »

Les Amours défendues, 5 fascicules illustrés, chaque.... 2 fr. »

ÉMILE COLIN. — IMPRIMERIE DE LAGNY

RENÉ MAIZEROY

SOUVENIRS D'UN OFFICIER

PARIS
C. MARPON & E. FLAMMARION, ÉDITEURS
26, RUE RACINE, PRÈS L'ODÉON

SOUVENIRS

D'UN OFFICIER

I

Sous-officiers, caporaux et soldats, vous reconnaîtrez pour votre chef le sous-lieutenant Verchère et vous lui obéirez...

Je n'entends pas les derniers mots de la formule accoutumée que le capitaine Monistrol bredouille rapidement en faisant sonner les *r* et vibrer les syllabes comme des appels de clairon.

Ces diablesses de paroles brèves et impérieuses, ces troupiers qu'on aperçoit au port d'armes devant soi, tout le régiment aligné pour la revue du dimanche dans la caserne, et qui semble écouter silencieusement l'initiation du nouveau venu, cette mise en scène grave du baptême militaire, vous empoignent jusqu'au tréfond de l'être, et, comme en un coup de fièvre, vous hallucinent brusquement d'on ne sait quel rêve orgueilleux, quel espoir de lendemains épiques où l'on mettra le sabre au clair, où l'on se fera peut-être « casser la gueule », comme disent les vieux en leur langue brutale.

C'est tout une vie inconnue qui commence, — la vie de soldat réglée et invariable — et avec un émoi secret et instinctif, là-bas, à la porte de la caserne, parmi les badauds curieux qu'écarte de temps en temps la sentinelle d'un geste machinal, mes regards cherchent une silhouette familière, le chapeau aux grandes ailes, la redingote boutonnée et la longue barbiche blanche de celui qui me montra le chemin à suivre, du père qui, pendant l'examen d'admission, se rencoignait, se faisait tout petit dans la salle du lycée où l'on nous interrogeait tour à tour, crispait ses doigts à la pomme de sa canne quand mes réponses devenaient hésitantes devant le tableau de « colle », et épiait anxieusement le visage de l'examinateur.

L'on se sent enfin quelque chose — un homme qui aura désormais des responsabilités sérieuses, qui ne sera plus confondu dans le tas des autres, un chef auquel on obéira et qui devra donner l'exemple sans trêve et ne pas faillir un seul instant, même aux heures douloureuses qui brisent et qui abrutissent les plus fières énergies; l'on se redresse dans son uniforme neuf, l'on plastronne crânement avec l'impression qu'il faut « paraître », que les camarades ont les yeux fixés sur vous.

Et tandis que roulent les tambours, que la musique joue quatre ou cinq mesures joyeuses de rigodon, que le capitaine vous serre les doigts à les briser dans sa grosse main, l'on est tout ému, tout gauche, comme lorsqu'on parle pour la première fois à une femme ; l'on regagne sa place derrière la quatrième section, avec des battements de cœur désordonnés et le petit frisson de fièvre qui secoue le corps à certaines heures décisives de la vie.

Après la revue, nous allons nous asseoir au café, en bande : le lieutenant d'Hervey, l'adjudant Ricôme et le sergent-major, et les verres de madère se choquent, l'on porte la santé du nouvel officier de la troisième du deux — la compagnie « paufine » du régiment, comme l'affirme le père Monistrol, en lissant les pointes aiguës de ses moustaches ; la seule où il ne manque jamais une aiguille dans les trousses ; où, aux revues trimestrielles, le général cherche en vain un atome de poussière sur les planches de la chambrée, un pied de châlit qui ne soit pas ciré.

— Vous verrez cela, monsieur Verchère ! Auguste, du même aux mêmes, ce n'est pas tous les jours fête !

II

Oh ! l'ahurissement des premières visites, la liste d'adresses qui n'en finit plus et que le fourrier vous apporte de la salle du rapport, les bévues qu'on commet malgré soi avec les uns et les autres, les phrases invariables qu'il faut écouter et répondre, les montées d'escaliers qui vous cassent les jambes comme la fatigue d'une longue étape, la mauvaise voiture de louage qui vous roule cahin-caha pendant des journées entières dans le dédale des rues de la ville ; tous ces salons, toutes ces chambres garnies qu'on traverse sans trop savoir que dire, et le bonheur de s'endormir enfin d'un sommeil lourd où ne flotte ni un rêve ni un souvenir !

Les visites obligatoires chez la générale d'abord, une grande vieille femme aux yeux calmes et attirants comme des yeux de portrait, au profil d'une extrême douceur et qui ressemble à quelque aïeule d'un temps disparu et lointain, dans cette vaste pièce tendue d'étoffes un peu fanées sur lesquelles ressortent des pastels de famille, des aquarelles militaires qu'affectionne le général. Accueil froid, comme distrait, cinq ou six mots de politesse vague qui se perdent dans le bruissement des autres conversations. C'est si peu de chose qu'un pauvre petit sous-lieutenant d'infanterie dont l'uniforme et les galons sont tout neufs et qui n'ose pas parler trop haut, occuper trop de place !

Le colonel, un gros homme à face sanguine que la moustache en brosse marque d'une tache blanche, m'examine de la tête aux pieds comme s'il passait une revue de détail et ne me laisse pas placer une parole. Ce sont des recommandations brèves, une façon de théorie du métier entremêlée de souvenirs personnels, de grosses plaisanteries, d'exclamations cassantes du « grand chef » habitué à être obéi.

— Savez, bon régiment, mais j'aime qu'on serve, moi... tous mes officiers dans ma main... Pouvez demander ça aux camarades ; toujours des compliments à l'inspection générale... Vous êtes jeune, mais ça passe, la jeunesse, en sais quelque chose, sacrebleu !... Passerez au choix, mais pas trop de rigolades, hein ! Mauvaise note, l'hôpital, les femelles... Vous êtes prévenu, maintenant.

Ensuite, le défilé de toutes les femmes du régiment.

Quelques-unes charmantes, vous donnant l'espoir d'intimités exquises, de causeries prochaines au coin du feu, de tasses de thé que l'on savoure à lentes gorgées en écoutant du rire ou des confidences drôles ; d'autres, ridicules, hargneuses, vous ressassant tous les potins d'antichambre et de caserne, toutes les méchantes histoires qui courent la ville, vous importunant de conseils hypocrites et bêtes. La commandante Marchessy a un amant. La femme du trésorier en a deux. Le lieutenant Varigny est passé au choix parce qu'il ne quitte pas les jupes de la générale.

Que sais-je ?

La liste s'avance, la carriole aux ressorts rouillés cahote de plus en plus dans les rues mal pavées, s'arrête de porte en porte.

C'est le major Pompajoux qui me toise comme un intrus et d'un ton rogue m'envoie au diable vauvert m' « habiller », parce que je n'ai pas de hausse-col. Cela me rappelle une des brimades du « bahut », la scie accoutumée que montent les anciens aux melons dont la patte de veste est déboutonnée :

— Vous êtes tout nu, monsieur !

C'est le capitaine d'habillement qui me reçoit dans une chambre transformée en serre, les mains maculées de terreau, et que j'aide à transplanter des oignons de tulipe, docilement, comme si je n'avais fait que ce métier, toute ma vie. C'est le chef de musique qui m'initie aux progrès de pianiste de sa fille et m'oblige à écouter tous les morceaux de la méthode Carpentier.

Et, à la pension, les camarades du bataillon s'esclaffent à mes dépens quand j'avoue qu'en mon ignorance j'ai gravement présenté les hommages réglementaires à une ancienne cocotte qui est collée avec le médecin-major depuis douze ans !

III

Ma chambre est grande comme un de ces mouchoirs à vignettes que les soldats étalent sur leur lit pour les revues de détail. Chambre de sous-lieutenant à vingt-cinq francs par mois.

C'est du côté des remparts, au bout d'une tortueuse rue qui monte pavée de galets pointus et l'une des deux fenêtres s'ouvre sur les jardins de l'hôtel de Lavernac, — des cimes d'arbres mouvants qui ondulent et d'où se répand dans l'air, comme à travers un treillis, l'odeur molle des massifs de roses.

Le long des quatre murs tapissés d'un mauvais papier déteint sont accrochées en des cadres de carton doré les tragiques aventures de Pyrame et Thisbé. Les bonnes naïves images de notre enfance drôlement coloriées de tons violents que le soleil et la poussière ont peu à peu affaiblies et fondues et dont les légendes bêtes semblent détachées des romans du vicomte d'Arlincourt.

Au-dessus de la glace, une photographie de madame Hirrigoyen, ma propriétaire, si jolie, si alerte avec le foulard de soie voyante épinglé à son chignon, ses cheveux qui lui tombent sur les cils et qu'on dirait toujours décoiffés par quelque brusque et tâtonnant baiser dans le noir, sa bouche friande dont le rire ne s'interrompt pas.

L'adorable figurette de gamine qui guérirait de l'ennui le plus morose et qui s'amuse de tout, qui ne voit dans la vie qu'un prétexte à savourer des joies sans trêve, à aimer sans jamais emprisonner complètement son cœur. Son mari est capitaine au long cours et voyage en lointains pays ; mais elle s'en console et s'y accoutume avec une philosophie facile et ne compte ni les jours ni les nuits.

Nous n'avons pas été longs à nous entendre et à signer la feuille de location. Elle avait un air si déluré, si prometteur, accotée au bois du lit et demandant de son accent basque :

— Est-ce que la chambre vous plaît, monsieur?

Et après un silence où ses prunelles luisaient comme traversées de souvenirs jouisseurs, elle ajouta :

— Je ne loue jamais qu'aux sous-lieutenants !

Les sous-lieutenants hardis, fureteurs comme des pages du vieux temps, qui payent leur terme en retard et trouvent les lèvres quand on leur tend le front, qui oublient le lendemain les serments passionnés de la veille, qui savent des chansons si drôles et des histoires polissonnes qui mettent le diable au corps et le verrou aux portes ; les sous-lieutenants qui sont toujours prêts à batailler pour un oui ou pour un non et à prendre les alcôves d'assaut, madame Hirrigoyen les adore les uns après les autres, sans jalousies inutiles, sans rêves décevants, heureuse quand elle décroche son écriteau, heureuse quand elle le revoit au balcon. Elle sait, la fine et rusée commère, ce que dure et ce que vaut l'amour et qu'à vingt ans le cœur tourne et vole plus vite que les ailes d'un moulin aguichées par le vent.

Puis, lorsque tout fut terminé, madame Hirrigoyen s'arrêta sur le seuil et de sa voix douce me dit :

— Nous ne sommes séparés que par une cloison et si vous aviez besoin de quelque chose pendant la nuit, vous n'auriez qu'à m'appeler.

Ah ! que Pyrame et Thisbé, les lamentables amants, ont dû en entendre de drôles dans cette garçonnière moins large qu'un mouchoir de troupier !

IV

Tant que la silhouette large du colonel apparaît au bout de cette longue table de café où les bocks, les coupes, les petits verres sont alignés comme pour une parade, l'on se tient, l'on cause de chaise à chaise, à mi-voix; l'on fume machinalement les mauvais cigares entassés çà et là sur des assiettes, l'on baille avec résignation ainsi qu'à une soirée officielle ; mais dès qu'il s'est retiré, après avoir porté le toast traditionnel des réceptions et que la musique a repris le chemin de la caserne, la représentation rigoleuse commence, éclate comme un feu d'artifice qui s'allume brusquement. Pas de programme. On chante ce qu'on veut, aussi bien un refrain de beuglant, une marche gaillarde d'étape qu'une romance poisseuse et sentimentale. On parodie les camarades sans que personne songe à se fâcher. On rit à réveiller toute une chambrée. Tout cela entremêlé de « pomponnettes » bruyantes qu'on reprend en chœur, à pleine voix, et qui allongent démesurément les piles de soucoupes.

Voici l'aide-major qui, d'un timbre éraillé, avec une mimique drôle, détaille une chanson de bivouac tellement pimentée, que le capitaine trésorier en mordille ses moustaches et marmonne entre ses dents :

— Ce cochon de « Toubib », ce cochon de « Toubib »!

Après lui, le vieux père Roqueval, un lieutenant qui attend patiemment sa retraite, module note par note, comme une leçon à demi oubliée, la cavatine des *Dragons de Villars*, et rien n'est comique, — de ce comique navrant qu'ont certaines charges trop poussées à la blague — comme de le voir couler des yeux blancs, poser la main sur son cœur et s'essouffler à lancer la phrase finale :

Ne parle pas, Rose, je t'en supplie!

On lui en demande une nouvelle et avec les mêmes gestes, les mêmes chevrotements, il entonne alors une rengaine de Loïsa Puget, traînante, interminable :

O ma Fatma, sois-moi fidèle!

Puis, au milieu des exclamations animées, des esclaffements qui réveillent la rue endormie, le capitaine Verduret, de la quatrième du trois, raconte pour la centième fois comment, lorsqu'il était caporal aux zouaves, il se déniaisa dans les bras d'une cantinière, qui avait trois pouces de plus que lui et des moustaches de sapeur.

— Une luronne qui ne flanchait pas dans le service, tonnerre de chien ! et qui vous désossait un homme, en une séance, comme un poulet. Ah ! on n'en confectionne plus comme ça, maintenant !

— Et vous, Verchère, vous ne chantez pas? s'écrie tout à coup le lieutenant d'Hervey, mon grand ancien, qui tapage comme quatre dans son coin, et se délecte dans la fumée de sa pipe.

Il faut s'exécuter, comme au bahut, quand on vous hissait sur le billard de la salle des jeux pour distraire les camarades durant toute une récréation, et j'attaqne les vingt-deux couplets de la complainte classique :

Le pou, l'désespoir dans l'âme
S'arrache des poignées d'cheveux.
Il dit : « Il n'y a plus de bon Dieu,
Et monte aux tours de Notre-Dame.
Et c'est là qu'y s'est fichu
Les cinq doigts et l'pouce dans l'œil.

— Pas mal, m'sieu, bazar ! beugle d'Hervey en accompagnant le rythme de coups de cuillères contre son verre.

Au dehors, les fenêtres éclairées rayent la nuit de bandes lumineuses, les étoiles criblent le ciel et l'on n'entend que le pas de quelques badauds attardés. Le vent incline de temps en temps la flamme bleuâtre des bols de punch qui ont succédé aux bocks, à la marquise et aux liqueurs. Et à cheval sur des chaises, renversant tous les obstacles, bouleversant les tables où les verres s'effondrent avec un bruit clair de vaisselle cassée, les « jeunes gens », comme dit le capitaine d'habillement, ébauchent un défilé au galop, désopilant, accompagné de fanfares, de vivats et de cliquetis de sabres qui termine la réception...

Et dire que tout à l'heure on devra rendre l'appel au polygone et commander l'école de compagnie !

V

Le nommé Rigaudin (Olivier Michel), soldat de deuxième classe à la troisième section, que le capitaine m'a désigné pour ordonnance, est un grand diable de paysan rougeaud et fruste qui, à chaque pas de ses énormes godillots, fait craquer les lamelles du plancher, garde encore le parler traînard et guttural des valets de ferme accoutumés à aiguillonner leurs bœufs le long des sillons, roule de gros yeux effarés lorsqu'il ne comprend pas ce qu'on lui demande, ce qui arrive les trois quarts du temps, et, à la première observation, se campe, immobile, les mains dans le rang et les pieds en équerre, comme s'il était à l'exercice.

Au début, il brossait consciencieusement mon uniforme avec une brosse à cheveux, astiquait durant des heures entières les boutons dorés de mes tuniques, enfouissait dans ses poches les lettres que lui remettait le vaguemestre, obéissait à rebours, transformait les ordres qu'on lui donnait en coq-à-l'âne invraisemblables.

On eût dit un de ces bonshommes de Boquillon, si bêtes qu'ils en sont drôles, se déhanchant les membres comme des marionnettes et tortillant ridiculement leurs gants de filoselle lorsqu'on les interroge. Il était de la force de cet autre jocrisse qu'un colonel avait en vain dressé à servir à table pour un grand dîner auquel devaient assister le général et le préfet. On lui serine son rôle, on lui apprend à porter les plats, à se tenir, à marcher, on lui ressasse aux oreilles le nom des vins qu'il offrira les uns après les autres avec une serviette sur le bras.

— Vous avez bien compris, n'est-ce pas, Landremol? Médoc, Saint-Émilion d'abord, puis Corton et Beaune.

Landremol s'incline, et, le soir, il lance à pleine voix, en tendant successivement les deux bouteilles :

— Médiocre ; c'est humiliant !

Rigaudin (Olivier-Michel) est peut-être le cousin éloigné de ce légendaire Landremol, mais peu à peu il parvient à se décroûter, à paraître moins grotesque, à suivre les conseils que les vieux brisquards lui donnent dans la chambrée.

De rebuffades en rebuffades, d'acoquinements en acoquinements cela deviendra, qui sait, un Frontin rusé et bavard, expert en l'art de tromper des maîtres, de mettre à mal les chambrières, de décacheter les lettres et de potiner comme un cent de vieilles commères bavardes.

Il buvait mon eau de Cologne à petits verres timides et discrets, et achève à présent les bouteilles de Martell trois étoiles avec des gourmandises de connaisseur. Il me raconte les frasques des camarades avec des mots à lui, un jargon composite de caserne et de village qui égayerait les plus hypocondres.

Il « carotte » à propos les théories, les factions, l'exercice, les revues, engraisse à ce métier de paresseux comme un chanoine, prête mes livres à son sergent, joue au piquet avec mes cartes, rôde tout le jour aux abords de la gare et me signale ce qu'il appelle : « les arrivages de gotons », et, quelque matin de pluie où l'on reviendra trop tôt du polygone, je ne désespère pas de le trouver dans mes draps chauds, entre les bras de la jolie madame Hirrigoyen, ma maîtresse et la sienne !

Décidément on fera quelque chose de ce garçon-là !

VI

Il n'y a pas deux mois que je suis au régiment et comme les anciens j'attends déjà impatiemment les nominations qui se succèdent, je compte sur l'Annuaire les numéros qui s'écornent, je rêve d'avancement rapide, d'un bon coup de torchon qui éclaircirait les rangs, et ferait de la place, mais ce n'est pas pour avoir un galon à la manche, pour toucher le premier du mois à la caisse du trésorier quelques sous de plus.

Est-ce qu'à vingt ans l'on s'arrête à de pareilles turlutaines, l'on songe au lendemain et l'on scrute le fond de sa poche ?

C'est pour ne plus avoir toutes les corvées qu'on donne au plus jeune, pour ne plus tenir les comptes de la pension, pour ne plus toujours être marqué d'office quand il s'agit de marquer le pas, ou de trimailler sans raison.

Ah ! les comptes exaspérants, ce cahier maculé de taches de graisse sur lequel, comme un paperasseur d'arrière-boutique, l'on doit noter sans une erreur les dépenses des uns et des autres, les extra, les bouteilles de Bordeaux débouchées en l'honneur d'un nouveau promu ou d'un camarade qui « change de corps, » les amendes infligées par le président, les additions qu'on recommence, les réclamations de vieux brisquards grincheux qui se plaignent invariablement, l'état de pension qu'on envoie au commandant comme si cette vie de table d'hôte n'était pas assez monotone et lancinante !

Je comprends maintenant pourquoi tant de sous-lieutenants se marient si vite, se lient la corde au cou à l'âge où l'on se rue tête baissée vers tout ce qui est fou, tout ce qui est imprévu, tout ce qui est changeant, où l'on voudrait ne pas mordre deux fois de suite au même fruit et chercher l'impossible apaisement dans les bras de toutes les femmes qui sentent bon et qui sont jolies.

Les repas bruyants où chacun parle comme sur le terrain de manœuvres, les propos sans cesse pareils qui se croisent, les discussions de métier, les souvenirs de garnison, les gaudrioles sales qui traînent depuis vingt ans de Dunkerque à Brives-la-Gaillarde, qu'on ressert comme les éternelles assiettes à dessert où sont peints des rébus, la cuisine de gargote écœurante et douteuse où les plats ont des surnoms comme de vieux camarades, le « 2 novembre 33 », les

« fayots, » le vin qui râcle le palais comme la saveur des prunelles qui ne sont pas encore mûres, les discours du président, les chiens qui rôdent sous la table, les petites bonnes que l'on lutine, dont on pince la taille au passage et qui renversent alors sur le voisin les plats qu'elles portent, les caporaux, les sergents-majors qui entrent et sortent pendant le déjeuner pour communiquer les ordres et lire le rapport, les algarades que soulève un retard de cinq minutes !

Qui ne se lasserait à la longue d'une telle existence à moins que l'on n'y soit encroûté par le temps comme des coquilles qui s'incrustent dans le creux d'un rocher !

Que cela doit être bon et exquis de dîner presque chaise contre chaise avec la femme que l'on aime, de voir la nappe propre qui sourit dans le rayonnement intense de la lampe, de se parler à mi-voix, de manger lentement avec des gourmandises flâneuses, de ne plus entendre le lieutenant Roquillard débiter des billevesées sur les feux à grandes distances, l'aide-major énumérer ses bonnes fortunes en les scandant de sourires complaisants, le gros adjoint au trésorier deviner lentement les rébus des assiettes et dire des mots sales aux servantes qui ne rougissent pas et montrent leurs dents en un sourire moqueur ! Qu'on doit les savourer doucement ces heures charmantes où l'on n'est que deux, où l'on s'oublie longtemps à bavarder, à fumer sa cigarette, les coudes sur la table !...

VII

Est-ce pour avoir oublié l'heure de l'exercice sur les oreillers profonds qui retiennent et grisent avec leur odeur de nuit amoureuse, pour n'avoir fait danser qu'une fois les deux filles du commandant au bal de la division, pour avoir porté un képi trop haut ou un pantalon trop étroit à la dernière revue du colonel, pour un motif sérieux ou pour une turlutaine sans cause que l'adjudant de service ganté et sanglé comme il sied à de pareilles visites m'apporte cette lettre d'arrêt ?

A quoi bon la décacheter, lire le libellé de ma première punition? Débouchons plutôt la vieille bouteille d'Armagnac que l'oncle Sosthène m'a envoyée l'autre jour et qui luit ainsi qu'une mystérieuse liqueur d'or au fond de l'armoire brusquement éclairée. Deux verres et heurtons-les en riant comme lorsqu'on fête la bienvenue d'un hôte nouveau, la surprise d'une sensation jusque-là ignorée. Désormais, les camarades ne pourront plus me traiter comme un débutant qui ânonne encore son métier, qui n'a qu'un folio blanc sur le registre du personnel et quatre poils de moustache poussés comme à regret aux coins des lèvres.

La première maîtresse, le premier duel, les premiers arrêts, autant de dates imprévues qu'on marque d'une croix blanche sur son carnet et dont on se souvient plus tard avec la mélancolie calme qu'éveillent dans le cœur les bons souvenirs lointains.

Quatre jours à ne sortir que pour aller à la caserne, à rêvasser à la fenêtre ouverte en fumant des cigarettes, en répondant de-ci, de-là aux bonjours envoyés de la rue au passage, en écoutant les cris aigus des martinets qui se poursuivent dans l'air vibrant; quatre jours de vie intime où l'on s'illusionnera, où l'on se reposera, où l'on ne reverra pas aux mêmes heures les mêmes figures, où l'on ne respirera pas l'atmosphère de la pension et du café.

Madame Hirrigoyen étendra sur la table une belle nappe propre et nous mettrons ensemble le couvert avec les assiettes à fleurs qui sont sur le vaisselier. Elle a dans sa cave un petit vin blanc qui sent le raisin mûr et qui réchaufferait même les bouches tremblotantes et décolorées de deux bons vieux perclus, et elle fait les crêpes comme on ne les fait plus, dorées, légères, parfumées, des crêpes qu'on ne peut picorer que dans la même assiette.

Et au dessert, derrière les volets clos, quand elle se pelotonnera sur mes genoux en une pose câline et frileuse, je lui demanderai de me chanter cette chanson basque qu'elle fredonne si souvent de l'autre côté du mur, une chanson flambante et gaillarde où il est question de trois beaux capitaines de Ciboure qui s'en allaient sur leurs caravelles aventureuses voler en pays inconnu, pour leurs amies adorées, des anneaux d'or fin, des robes de soie changeante et la fleur du rosier d'amour qui empêche d'oublier. Allons, adjudant, encore un petit verre et arrosons mes premiers arrêts de sous-lieutenant ! On serait trop malheureux si l'on ne prenait pas la vie gaiement, si, comme ce bavard effronté de Figaro, l'on ne riait pas de tout pour ne pas avoir le temps de pleurer !

VIII

Puis c'est si toujours la même chose, le même balancier rythmant la fuite des mêmes heures, les mêmes scènes rejouées aux mêmes dates, un défilé de faits monotones qui commence à l'arrivée des recrues et se termine aux grandes manœuvres, qu'on finit par se laisser couler à la dérive comme une épave inerte, par devenir une sorte d'être machinal qui obéit, qui ne pense pas, qui roule de garnison en garnison sans modifier les habitudes prises à droite et à gauche et qu'aiguillonne seulement le mirage perpétuel de l'avancement, l'attente de la guerre désirée où l'on règlera enfin avec l'ennemi héréditaire les comptes tragiques du passé, où, comme l'a dit l'un de ceux qui sauvèrent alors l'honneur du drapeau, l'on ira de l'autre côté du Rhin chercher le petit bâton bleu semé d'abeilles d'or.

Et le livre impressionnel où l'on voulait noter sa vie, les étonnements, les joies, les désillusions d'un écolier de la veille qui après deux ans de bahut, d'une discipline lourde et incessante se trouve tout à coup lâché dans un milieu nouveau, avec des camarades inconnus, piaffe, renifle tous les jupons de femmes qui le frôlent, se heurte aux quatre murs d'une caserne, au train-train bête des consignes journalières lorsqu'il rêve des chevauchées aventureuses et des batailles épiques, le cahier de souvenirs d'abord ramassés comme ils venaient s'arrête aux premières pages, semble une préface inachevée avec laquelle, un soir, on allumera sa cigarette ou son feu.

Plutôt, en effet, que d'analyser l'emballement enthousiaste ou l'ennui morose de ses propres sensations, de se mettre soi-même en scène, n'est-il pas plus amusant de faire défiler en une série d'eaux-fortes ou de croquis enlevés d'un trait de plume les bonshommes qu'on a coudoyés, les troupiers aussi bien que les officiers et tout ce qui grouille, tout ce qui s'agite de mercantis, de femmes et de bohèmes bizarres autour d'un régiment, d'étudier les misères intimes, les souffrances de cette existence tout en dehors, bruyante et artificielle, le boulet de la dot réglementaire, les ambitions sourdes, les déceptions des vieux brisquards et des débutants, de peindre les coins entrevus dans l'errante traversée des garnisons, les jardins publics où la musique joue le jeudi et le dimanche, l'intérieur du quartier, les casernes, le mess et même la maison diffamée où se terminent les réceptions et qui est partout pareille, que ce soit à Bayonne ou à Pont-à-Mousson ? Ecrire cela comme on l'a vu, comme on l'a vécu avec l'écho des rires anciens et de battements du cœur apitoyé qui se serrait devant certaines souffrances trop rudes, sans tomber ni dans la charge exagérée et lourde de Ramollot, ni dans l'idéalisation fausse de Chauvin, faire vrai mais en songeant que derrière le drapeau, qu'au-dessus de toutes ces marionnettes parfois ridicules plane en son envergure glorieuse le fantôme sacré de la patrie pour laquelle on obéit, on se dévoue et l'on quitte, un jour, ceux qu'on aime le plus au monde !

Août 1884

LE RÉGIMENT

VIEUX BRISQUARDS

C'est à la revue d'honneur, — le dernier jour de l'inspection générale, — que le régiment paraît imposant dans ses lignes silencieuses et régulières. Le soleil implacable de juillet balaye de clartés crues la vaste cour poussiéreuse de la caserne plantée d'arbrisseaux grêles qui ressemblent à des manches de balai usés. Aux quatre côtés, droites, immobiles, propres,les compagnies attendent l'arrivée du « calot ». Et les baïonnettes jettent dans l'air un éblouissement vibrant. Les pantalons rouges, les capotes bleues roulées sur les sacs, les cuivres se brouillent, se fondent en de grandes bandes aveuglantes au-dessus desquelles le drapeau tout neuf, tout vierge, met l'éclat de sa soie tricolore.

Voici d'abord les sapeurs avec leurs longues barbes et leurs fourniments brillants. Ils datent d'hier pour la plupart. Les vieux brisquards sont allés planter des choux au pays les uns après les autres, et l'on se prend à regretter leurs masques rubiconds de père éternel — un père éternel qui lèverait le coude sept jours de la semaine et se délecterait de la purée septembrale — et leurs larges poitrines plaquées de médailles qui rappelaient les étapes glorieuses parcourues par le régiment depuis quinze ans, et leur uniforme de cirque olympique, le bonnet à poil, le tablier immaculé, la hache énorme qui leur donnait on ne sait quoi d'imposant et détraquait le cœur sensible des petites bobonnes de la garnison.

Il n'en est demeuré que deux de ceux-là. Le caporal Torgnolet et Bernoutin (Jean-Trophime), de Beaucaire. On dirait de deux aïeux robustes taillés comme des cariatides de pierre. La caserne est leur maison, le régiment, leur famille. Ils en savent l'histoire mieux que tous, mieux même que le gros capitaine trésorier, le père Rouveyrol, qui n'a jamais quitté son rond de cuir et vous débiterait sans bredouiller les mutations survenues au corps depuis le siège de Constantine et le numéro d'ancienneté de chaque officier sur l'Annuaire. Torgnolet et Bernoutin ne se quittent pas. Ils se saoulent régulièrement ensemble, tous les jours de cible. Une saoulerie tranquille, pas tapageuse. Des santés interminables portées aux disparus, des embrassements larmoyants et des sommeils pesants sous la table couverte de litrons. Cependant, ils enlèvent encore le kilomètre d'un pas gaillard. Et ce sont eux qui, d'une voix éraillée, donnent le branle aux chansons de route et apprennent aux clampins épuisés les refrains gouailleurs d'autrefois, les couplets de l'hôtelière de Charenton :

En revenant de Charenton,
Nous étions cinq à six lurons;
Pour de l'argent n'en avions guère,
Sens devant derrière,
Sens dessus dessous,
Entre nous tous n'avions qu'un sou !

Et la complainte de Madelon qui s'en va-tà Rome pour obtenir le pardon de ses péchés galants :

Tiens donc bon, Marie Madeleine,
Tiens donc bon, Marie Madelon !

Et l'interminable litanie des boutons de capote que scande le joyeux appel : Où est Michaud ? ou cette vineuse clameur de kermesse :

Si la piquette est bonne,
Amis, buvons toujours,
Car le jus de la tonne
Réveille les amours !

Toutes ces gaudrioles alertes et insoucieuses de troupiers braillées à pleine gueule dans la poussière épaisse que soulève le traînaillement rythmique des souliers, qui se répondent d'un bout à l'autre de la colonne et font oublier l'exaspérante alignée de bornes kilométriques ; ces polissonneries drôles qui ont vu le feu et que ne remplaceront jamais les somnolentes romances de M. Deroulède, serinées durant des jours et des semaines — par ordre — à l'école de chant !

L'OREILLE FENDUE

Il y a un drame triste sous ces deux lignes de rien du tout, brutales comme un soufflet, qui ont mentionné la mise à la retraite du pauvre vieux colonel Damien. Limite d'âge. On a beau avoir encore l'œil clair, les membres solides, la tête intacte, il faut disparaître, céder la place à un autre, s'en aller grossir le tas des invalides, des anciens qui croupissent en une vie désœuvrée et inutile.

Il avait espéré, sans savoir pourquoi, jusqu'au dernier moment. Il se disait à chaque promotion nouvelle : — La prochaine fois, ce sera mon tour. Et avec sa femme, avec ses deux filles, avec les amis accoutumés qui entretenaient ses illusions, qui s'étaient laissé gagner, eux aussi, par sa belle confiance, le colonel arrangeait déjà sa vie de demain, exposait ses théories, faisait des projets comme si sa nomination eût été certaine.

Ainsi l'échéance était arrivée sans qu'il fût préparé à ce coup de poing en pleine poitrine qui l'assommait, sans qu'il eût la force de supporter stoïquement cet écroulement banal de tous ses espoirs, de tous ses rêves. Il avait « l'oreille fendue », comme disent les troupiers dans leur argot gouailleur. On le balayait comme les uniformes réformés, troués aux mites, que ramassent les mendiants aux portes des casernes. Plus bon à rien qu'à regarder de loin, dans la rue, défiler les tambours, et à jouer au piquet son verre d'absinthe. On le jugeait donc incapable de conduire des régiments au feu, de retourner là-bas quand on recommencera la grande partie. On le décommandait de la fête glorieuse comme une baderne encombrante.

Le malheureux !

Depuis qu'il avait son cinquième galon, il ne ruminait, il ne désirait que cela, que ces étoiles d'argent brodées sur un képi. Il oubliait le passé, les premières années où il avait usé ses semelles un peu sur toutes les routes, et tout ce qu'il lui avait fallu de chance, d'énergie patiente, de beaux coups de sabre pour sortir du rang, pour gagner galon par galon — presque blessure par blessure — ses épaulettes de colonel. Ce n'était cependant pas de l'ambition, le besoin de paraître, l'attrait de la piaffe qui le poussaient, mais une sorte de foi fervente en un symbole — l'orgueil qui lui avait étreint le cœur la première fois que, dans une bataille, au milieu des camarades décimés, il avait porté le drapeau déchiqueté et sanglant. Il voyait dans ce grade comme une apothéose héroïque, comme des lettres de noblesse qui le dégageraient du commun, qui titreraient ses enfants.

Et avant les inspections annuelles, il travaillait comme un écolier, il usait ses yeux à veiller des nuits entières sur des bouquins arides, il remuait son régiment, harcelant tout le monde, ne quittant pas la caserne, courant de la musique aux compagnies de dépôt. Puis c'étaient les visites, les voyages à Paris, les attentes interminables sur une banquette d'antichambre au ministère, où quelque huissier vous dévisage d'un air insolent, les lettres auxquelles on répond par des phrases évasives, tous les déboires, tous les ennuis qui brisent à la longue les plus solides et leur font jeter le manche après la cognée, mais qui ne parvenaient pas à entamer l'âme robuste du vieux colonel. Et tout cela pour en dégringoler là, pour finir aussi piteusement.

Maintenant, malgré les câlineries tendres de ses filles qui le berçaient, qui tâchaient de détourner le cours de ses idées noires, d'éveiller en lui le souci d'une existence nouvelle de paresses et de repos paisibles, le colonel regrettait presque de ne pas avoir crevé dans cette vigne de Borny d'où ses soldats l'avaient rapporté à demi mort. Il aurait eu, au moins, une belle page comme encadrée de lauriers. Son nom serait inscrit dans le journal du Régiment à côté de ceux des braves tombés au champ d'honneur. Il souffrait tant que son cœur en était comme desséché, qu'il ne songeait plus à celles qui avaient encore besoin de son aide.

Et ils avaient été pour lui comme les stations d'un chemin de croix, les adieux obligatoires aux fonctionnaires indifférents, aux camarades qui ne savaient que lui dire, la dernière revue passée dans la caserne, le dernier salut au drapeau — ce drapeau neuf qu'il avait le premier tiré de sa gaîne — et ensuite les poignées de mains vigoureuses aux uns et aux autres dans la grande cour de la caserne où, silencieux, les soldats écoutaient les phrases émues qui s'étranglaient au fond de sa gorge enrouée.

Enfin, au punch que lui offraient ses officiers, quand le lieutenant-colonel, levant son verre, porta gravement la santé du chef qui partait, du compagnon loyal sans peur et sans reproche qui avait commandé le Régiment, le pauvre homme n'y tint plus, et, mâchonnant un juron entre ses dents, essuyant du revers de la main de grosses larmes — de vraies larmes — qui tombaient de ses paupières et s'écrasaient sur ses rudes moustaches grises, il ne put que leur dire très bas :

— Merci, merci !

Et ils sont tous venus à la gare, bien qu'il tombe une pluie de grésil fine et glaciale. Aucun officier ne manque à l'appel, ni ceux qui aimaient le vieux qui s'en va, ni ceux qui ont peut-être sur le cœur la rancune de quelque punition ancienne, de quelque coup d'humeur inexpliquée. Le colonel se maîtrise, paraît plus calme, plus résigné, parle avec les uns et les autres, salue les dames qui entourent et embrassent madame Damien et ses filles. Il y a longtemps qu'il ne s'était pas mis en bourgeois, et sa redingote noire, méticuleusement propre, où, comme une cocarde, luit la rosette rouge, garde les plis de l'armoire, sent le camphre. Il n'est pas à l'aise dans ces vêtements inaccoutumés, il y étouffe comme sous une chape de plomb, et, de temps en temps, il coule des regards envieux — des regards où se fige un désir aigu et poignant — vers le galon d'or tout neuf qui soutache le dolman d'un petit sous-lieutenant sorti d'hier de l'Ecole. Ah ! qu'il prendrait sa place avec bonheur, qu'il recommencerait volontiers la vie ancienne, dût-il en souffrir chaque jour et y endurer toutes les misères et toutes les déceptions !

Cependant les employés ferment à la hâte les portières des wagons, la coupole de la gare s'emplit d'une fumée épaisse, les têtes se découvrent respectueusement, le train part, et, se raidissant, soulevant lui aussi son chapeau, de sa voix qui vibre à peine, le colonel leur crie des mots inintelligibles : « Au revoir... amis... régiment ! »

C'est fini. Il n'aperçoit plus que très loin les toits d'ardoise de la caserne, qui disparaissent dans le brouillard. Personne ne le voit que sa femme et ses enfants, et il peut se débarrasser du masque d'emprunt qui l'oppressait, pleurer, souffrir dans son coin autant qu'il le voudra, sans craindre les sourires cruels et le ridicule.

C'est fini.

Les voilà partis, non pour une autre garnison, hélas ! mais pour le trou de province où on l'enterrera bientôt, sans qu'il ait même à sa porte le piquet d'honneur ; pour la petite ville de Gascogne où madame Damien tient à se retirer, parce qu'elle y compte des parents éloignés et que la vie y est facile et peu coûteuse. Là ou ailleurs, que lui importe, au pauvre vieux sevré de toute énergie, de toute volonté! Elles le traîneront désormais au gré de leur caprice et il ne hasardera pas une seule objection ; il marchera derrière leurs jupes, machinalement, comme une bête soumise. Il supportera les attaques aigres, les reproches de sa femme, avec une philosophie absolue. Son compte est réglé à présent. Il vivotera, mais ne vivra plus. A quoi bon se redresserait-il, poursuivrait-il à nouveau le bonheur impossible?

Et la grosse madame Damien, impatientée, hausse les épaules, bougonne à mi-voix en recomptant minutieusement leurs nombreux colis et en les casant dans le filet : « Est-ce que je ne te l'avais pas prédit plus de cent fois? est-ce que tu ne devais pas t'y attendre, avec tes opinions absurdes? » tandis que le pauvre vieux sanglote dans son mouchoir, vide sa poitrine comprimée depuis huit jours, et que les deux petites, attristées par le gros chagrin du père, le regardent de leurs bons grands yeux humides et n'osent pas lui dire qu'elles l'aiment, qu'elles l'aimeront encore davantage, sentant déjà, avec leur instinct de femmes, que leurs tendresses placides n'apaiseraient pas cette trop violente douleur...

LA COLLECTION DU COLONEL

Le colonel Daumont de Croisailles a quarante-deux ans et autant de campagnes.

Grand, maigre comme un loup, le monocle éternellement vissé à son œil droit, les cheveux fins relevés en coup de vent, il ressemble, avec sa peau sèche et brûlée qui se colle aux angles du visage, ses prunelles grises striées de veinures d'agate, le sourire hautain qui plisse la bouche, la longue barbiche, les moustaches qui se dressent sous son nez courbé comme un bec de gerfaut, à ces capitaines espagnols assoiffés d'aventures et de butin, qui mettaient hardiment le cap sur les constellations inconnues et s'en allaient, avec une poignée de reîtres, conquérir des mondes ou sombrer dans quelque tempête furieuse.

Celui-là n'est pas de ces paperassiers qui s'embusquent derrière des cartons verts, se faufilent petit à petit aux meilleures places et n'ont jamais entrevu, même aux heures les plus tragiques, que le feu d'une cheminée de ministère. Il a appris le métier de bataille en bataille, chanceux comme si, dans sa partie entêtée avec la fortune, il eût pipé les dés. Et dans les plus rouges tueries, dans les assauts les plus audacieux, en Algérie, contre les Ksours des Beni-Snassen, au pénitencier où il se rua le premier sur les canonniers mexicains, à Ladonchamps, où, tandis que les grenadiers de son bataillon, quatre fois décimés par la mitraille, reculaient désespérés, seul, au milieu des balles qui grêlaient, qui déchiquetaient son uniforme, il s'avança en roulant une cigarette entre ses doigts effilés, puis au bout de quelques pas se retourna avec un haussement d'épaules vers ses hommes ranimés par une telle bravoure et leur dit : « Vous tenez donc à ce que j'aille leur demander du feu, sans vous ! » Partout la mort, cette fantasque coquette et aveugle, s'est détournée de lui, l'a oublié en chemin comme une proie assurée qu'on dédaigne.

Le colonel n'est pas marié et ne se mariera jamais. Il adore trop passionnément toutes les femmes, qu'elles soient brunes, blondes ou rousses, pour se condamner à perpétuité à n'en aimer qu'une qui vieillirait, qui l'obséderait de ses plaintes vaines. Galant comme un gentilhomme du bon vieux temps, il baise les ongles roses de celles qui lui refusent leurs lèvres.

Son hôtel, à Saint-Martéjoux, a l'air mystérieux d'une de ces petites maisons où les traitants faisaient la fête avec la Duthé et la Camargo. C'est au bout de la ville, dans une calme rue de cours désertes et de jardins ombreux, et comme rien n'est moins drôle qu'un tintamarre de mari jaloux ou une piaillerie de femmes ameutées qui se disputent et se lamentent, comme il faut toujours prévoir, dans la vie amoureuse, quelque contre-temps fâcheux, quelque imprudence absurde, quelque rendez-vous oublié, le logis a cinq portes différentes.

Les clefs des cinq portes traînent par la ville, des doigts fuselés de la marquise de Saint-Vigor, une blonde hautaine aux larges yeux de Junon, qui se souvient que son arrière grand'mère mourut d'amour pour le maréchal de Richelieu, et qui dépraverait toute une compagnie, aux mains rougeaudes des jolis trottins de seize ans qui rôdent flâneusement au sortir de l'atelier. Ce sont aussi les amies anciennes qui reviennent de-ci, de-là, à l'appel, comme des oiseaux apprivoisés qui retournent à leur cage; les cabotines de passage, tout l'amour imprévu et amusant d'une lointaine garnison.

Le colonel a tapissé les murs de sa chambre d'une étrange série de portraits annotés de dates et de noms féminins. C'est comme un musée secret érotique et monotone, des corps de femmes nus et creusés de fossettes, photographiés dans la même pose de callipyge, et dont on ne voit que la croupe onduleuse et les épaules balayées par les cheveux épais. Toutes celles qu'il a formées de ses leçons savantes, qui passèrent par son alcôve, qui l'agenouillèrent à leurs pieds, sont là, blanches et troublantes comme des déesses vicieuses. Et parfois, sans violer leur secret, sans les nommer — se rappelle-t-il d'ailleurs leurs noms? les reconnaissant encore à un pli de leur chair à jamais surprise, à une ombre, à un signe brun piqué comme une mouche dans la ligne adorable du dos, dans les hanches rondes, le colonel raconte leur histoire, sourit au souvenir des tendresses qui furent les meilleures, à cette gamine de Bayonne qu'il enleva en changeant de garnison, comme on accroche une fleur à sa boutonnière; à la créole endiablée qui l'emprisonna dans ses cheveux à Mexico, pendant trois jours et trois nuits, et à cette ensorceleuse de petite comtesse sous les fenêtres de laquelle il faisait toujours passer le régiment et jouer la musique...

Le colonel de Croisailles sera général à l'âge où les autres attendent un cinquième galon. Ses officiers le regretteront comme un camarade et un ami. Et peut-être réalisera-t-il alors le seul rêve qui ait jamais tourmenté sa cervelle insoucieuse et le nommera-t-on gouverneur de Paris, de la grande ville qui le tente comme une Mecque idéale où les femmes sont plus jolies, plus damnantes que dans le monde entier, où la vie s'écoule rapide et folle sans qu'on ait le temps de compter les heures, de retourner la tête vers le passé...

LE LIEUTENANT-COLONEL

Tous les régiments ont un lieutenant-colonel sur l'Annuaire, mais la plupart du temps, c'est comme un comparse de comédie dont on parle à la cantonade, qu'on annonce respectueusement et qu'on n'aperçoit pas un seul instant, même dans l'entre-bâillement brusque d'une porte. Le lieutenant-colonel est toujours détaché quelque part, dans un bureau de ministère, aux écoles de tir, à l'école de guerre, dans les missions étrangères, en Espagne ou au Kamtschatka, partout excepté dans son régiment.

Parfois on prononce son nom au rapport, on apprend qu'il vient d'être décoré de l'ordre des Saints-Maurice et Lazare ou de l'Étoile du Levant, qu'il a reçu des félicitations officielles du ministre pour un ouvrage de balistique ou d'art militaire, qu'il est désigné pour suivre les grandes manœuvres au diable vauvert, et le colonel, qui ne le connaît pas, qui ne le connaîtra jamais, mais dont il est cependant la bête noire, tortille les pointes de ses moustaches, hausse les épaules et bougonne d'une voix sourde :

— Est-ce qu'on va nous raser longtemps avec ce savantasse?

Le lieutenant-colonel montera de grade en grade comme un millionnaire qui voyage de pays en pays, sans une fatigue, sans un souci, sans un ennui. On ne le verra ni à la tête de son régiment, ni à la tête de sa brigade, et il faudra, à son enterrement, au moins trois valets de pied pour porter sur des coussins tous ses ordres et toutes ses médailles...

LE COMMANDANT COLAYRAC

Pourquoi tous les officiers de la garnison et le capitaine de recrutement, un vieux d'autrefois qui ne connaît que la loi sur l'avancement et n'aime pas à plaisanter avec les « sales colons », ont-ils pris l'habitude de l'appeler : « Mon commandant », comme s'il avait eu jadis les quatre galons d'or cousus à la manche ?

Il n'a même pas mené au feu un peloton de moblots pendant la guerre terrible. Il ne figure sur aucun annuaire et n'a presque jamais quitté Saint-Martéjoux. C'est un grand fantoche sec, sans âge, sanglé dans une redingote très longue, portant la barbiche et les moustaches cirées, et se campant le chapeau sur l'oreille comme un chercheur de méchantes querelles.

Depuis des années et des années — et lorsqu'il gaminait, ne devait-il pas suivre les soldats dans les rues ? — le commandant Colayrac ne fréquente que les militaires. Il se lève à pointe d'aube pour surveiller les manœuvres sur le polygone et se promener de long en large, pendant les pauses, avec les lieutenants de service auxquels il offre des cigares.

Son valet de chambre a été ordonnance et ne lui parle que les mains dans le rang et les pieds en équerre.

Les fenêtres de son salon donnent sur la caserne et il peut entendre ainsi toutes les sonneries accoutumées, voir de loin les revues et les défilés.

Le commandant est abonné aux journaux techniques et tient son annuaire à jour avec un soin méticuleux de comptable. Il mange à la même pension que les officiers, est invité aux réceptions comme un ancien camarade et aux soirées de la colonelle. Au café, il fait tour à tour le trictrac du major et le bézigue chinois du petit sous-lieutenant Montescourt, qui vient d'arriver de Saint-Cyr. Et le soir, entre onze heures et minuit, quand il ne reste plus que quelques liseurs acharnés et le dernier des perdants qui regarde avec détresse le garçon compter une pile énorme de soucoupes, le commandant propose une partie définitive en cinq secs et la perd généralement.

Les régiments qui se succèdent à Saint-Martéjoux se transmettent le commandant Colayrac comme une consigne invariable. Il est inscrit dans l'état des lieux. Il sert de témoin dans les duels, d'arbitre dans les discussions. Ce fut lui qui mit d'accord le capitaine

Chanille, de la deuxième du trois, et le trésorier Rouveyrol, irrémédiablement brouillés à la suite d'une histoire de femmes. Il rappelle souvent cet incident, qui marque dans sa vie. On le charge des corvées ennuyeuses. Il cherche les logements, débarrasse des maîtresses compromettantes, arrange les affaires difficiles.

Le commandant dépense ainsi ses dix mille livres de rentes sans compter. Bien qu'il n'ait plus vingt ans — l'âge fou où le cœur bat plus vite, où l'on suit le moindre bout de jupon qui apparaît au détour d'une rue, où tous les serments paraissent vrais et tous les baisers délicieux — et que ses cheveux taillés à l'ordonnance grisonnent de plus en plus, il adore les jolies filles et l'amour aventureux des nuits sans lendemain. L'on prétend que, ces soirs-là, à l'abri des volets clos, pour augmenter son prestige et séduire les gamines moqueuses qui hésitent à frotter leur bouche délicate contre ses grosses moustaches, le commandant Colayrac se coiffe d'un beau képi neuf dont les galonnades reluisent à la lueur des bougies.

Il n'est allé à Paris qu'une fois, au quatorze juillet, lorsqu'on a distribué les drapeaux à tous les régiments de l'armée, et il raconte qu'au Café de la Paix, les garçons l'ont appelé respectueusement : « Mon colonel ».

C'est le seul avancement d'ailleurs qu'il ait eu dans sa carrière.

PAPA L'ANNUAIRE

Quand il n'est pas de semaine ou lorsqu'il n'est pas de service dans la journée, au lieu de lire un roman de la bibliothèque, les pieds sur les chenets, de s'engourdir en une vague somnolence au fond du large voltaire dont la housse s'effiloque par places et qui, avec trois chaises et une table, compose tout le mobilier de sa chambre garnie; de rédiger des mémoires savants sur la tactique nouvelle de l'infanterie ou l'emploi des feux à grandes distance ; au lieu d'aller potiner et prendre une tasse de thé chez la colonelle ou de muser lentement par les rues de la ville en s'arrêtant devant les vitrines de modistes, en suivant les petites ouvrières qui s'échappent deux par deux des boutiques et se retournent à chaque pas et rient toutes décoiffées par le vent, le lieutenant Marsaille, de la deuxième compagnie du dépôt, vient au café compulser l'Annuaire.

A cette heure-là, la salle où s'alourdit une odeur âcre de pipes fumées, est presque déserte. Les journaux jetés pêle-mêle encombrent une table. L'un des garçons dort dans un coin, sur la banquette de velours fané où son corps affaissé met une tache noire et blanche. L'autre, debout au milieu de la porte comme une sentinelle ennuyée, suit des yeux le va-et-vient des passants qui traversent la place Maubourguet et siffote une rengaine de café-concert entre ses dents. Il n'y a dans le café que le capitaine du recrutement qui donne sa vingtième revanche au piquet à un gros sous-lieutenant de remonte, ahuri de perdre continuellement.

Alors, la tunique à demi déboutonnée, trempant de temps en temps ses lèvres dans un bock que le garçon remplace silencieusement dès qu'il est vide, le vieux Marsaille lit une à une, sur le *Moniteur de l'Armée*, les promotions et les mutations nouvelles, puis feuillette l'Annuaire, le surcharge de ratures, de noms moulés de sa belle écriture d'ancien fourrier, et réfléchit, recompte mentalement les chiffres de l'ancienneté, retrouve des souvenirs dans sa tête, est tout heureux de voir qu'il a gagné trois rangs, qu'il est maintenant le quatre cent quarante-cinquième à passer.

Pour lui, l'Annuaire est comme une Bible où il se retrempe, où il trouve la force de supporter le labeur ingrat de la vie, la tristesse d'être sans le sou toujours, où il cherche des rêves, où il cause avec les amis absents.

C'est en effaçant des noms, en noircissant peu à peu les interminables colonnes, qu'il songe à l'avenir, à cette nomination de capitaine qui limite son horizon, qui est sa seule ambition, le but final où tendent ses espoirs. Que de projets il a faits pour la date lointaine où il lira enfin son nom : Marsaille (Jean-Louis-Victorin), lieutenant du 6 novembre 1879, dans la promotion impatiemment attendue !

Il se mariera. D'abord cela l'épouvantait, à cause de ses cheveux gris et de sa figure peu amène de barbon ; mais un grade de plus change un homme et le rajeunit. Il louera un petit appartement avec un jardin; pour y cultiver des choux et des tournesols. Il y aura peut-être un gosse rose et blond qui se roulera sur les bordures d'œillets des allées.

Et le pauvre vieux brave homme, qui se mouche encore dans les mouchoirs à carreaux de son trousseau de caporal, qui se souvient du temps avant la guerre où il était remisé au magasin d'habillement et numérotait des pantalons et des tuniques, frissonne à l'idée qu'il peut rester en route et disparaître sans ses trois galons à la manche.

Il a tellement tourné et retourné le gros livre frangé aux marges qu'il le sait par cœur de la première à la dernière ligne, qu'il serait capable de le réciter d'un bout à l'autre sans omettre un seul nom, sans se tromper une seule fois. Il le débiterait comme la théorie, avec une assurance imperturbable. Qu'on le questionne au hasard pendant les pauses de l'exercice ou à la pension, il vous dira aussitôt l'époque où le général Thorailles ou le sous-lieutenant Martillac sont entrés au service, le numéro d'ancienneté du premier venu choisi dans le tas, les places vacantes qui existent au tableau et, dans chaque régiment, le nombre de Durand ou de Morin qui remplit la quatrième colonne à droite de la page 189, le total des sous-lieutenants d'infanterie qui sont sortis du rang et de ceux qui sortent de l'École. Il interrompt souvent les histoires de garnison qu'on raconte devant lui pour en relever les détails erronés ou confus et ne se fâche pas, rit au contraire d'un gros rire heureux, parce que les camarades gouailleurs se moquent de son innocente manie et l'appellent : « Papa l'Annuaire ».

LE PREMIER DU MOIS

Je me rappelle encore les premiers du mois, les douze jours de l'année où quelque menue monnaie tinte cinq minutes dans la « profonde » des pauvres sous-lieutenants. On arrivait chez le trésorier à l'heure fixée par le rapport. Personne n'était en retard.

Je revois le capitaine Rouveyrol, affalé dans un grand fauteuil de moleskine verte ternie par le frottement continuel, avec un vieux képi usé sur son crâne chauve et la tunique déboutonnée découvrant un épais gilet de laine, car il grelottait toujours de froid, même pendant l'été, depuis qu'il avait quitté cette bonne ville d'Alger pour laquelle on donnerait toutes les garnisons de France.

Je vois la chambre tendue d'un papier à fleurs, à quatre sous le rouleau, éraillé par places, la fenêtre sur laquelle il y avait des pots de balsamine et une cage où jacassait une perruche verte, puis dans un coin d'ombre la caisse ouverte dont on reluquait à la dérobée, avec une envieuse philosophie, les rouleaux d'or alignés sur les fafiots bleus comme pour une parade.

Le capitaine trésorier plaisantait avec tous les camarades d'une grosse voix de rogomme où les bizarres mots d' « arbi » sonnaient drôlement.

Il poussait du coude avec des clignements d'yeux indulgents les jeunes qui, timidement, demandaient à mordre d'avance dans leur solde du mois suivant, gouaillait même avec les malchanceux endettés dont il retenait presque tout l'argent et qui mangeaient à la cantine par ordre du colonel.

On connaissait ses calembours invariés. On les répétait à la pension avant de venir. On inventait des réclamations vaines pour remuer sa bile. On lui faisait raconter pour la centième fois des histoires de bureau arabe, la fameuse fête à Tlemcen où tous les officiers, musique en tête, avaient été réveiller la mère Gazelle, les aventures prestigieuses du capitaine Durand (Auguste-Théodore) avec une Ouled-Nayl.

— Le bon temps, messieurs, le bon temps ! répétait-il en tapant du poing sur la table.

Et, tandis qu'il parlait, chacun signait d'un paraphe machinal la feuille de solde.

Ce n'était pas long à régler. Cent quatre-vingt-neuf francs sur le papier. Un demi-verre qu'on servait presque vide après avoir additionné les retenues de toute sorte et le payement des notes arriérées. Retenue pour le timbre, retenue pour la bibliothèque, retenue pour la pension, retenue pour le cercle, retenue pour les maîtres ouvriers, retenue pour les réceptions, retenue pour des œuvres de charité, sans compter le reste.

Cependant l'on ne sourcillait pas ; à peine jetait-on un regard indifférent sur le bordereau noirci de chiffres La bonne humeur joviale du trésorier, ses drôleries bruyantes étourdissaient, empêchaient de penser que tout à l'heure on n'aurait plus le sou, qu'il fallait joindre quand même les deux bouts, Dieu sait avec quelles privations et quels renoncements, et se cloîtrer obstinément contre toutes les tentations.

Ce diable de vieux avec sa barbiche grise qui s'agitait, ses yeux qui braisillaient quand il prononçait certains mots retentissants comme des appels de clairon, avec ses haussements d'épaules, il vous versait comme un cordial dans le ventre, il arrivait presque à vous persuader que les « monacos » étaient inutiles et dérisoires, lorsqu'on avait vingt ans et qu'on osait dire de douces choses aux filles.

Pourvu qu'on fût aimé, pourvu qu'on pût boire son mazagran, pourvu qu'on eût l'espoir de mettre le sabre au clair, un jour ou l'autre, et d'aller se faire casser la tête pour le drapeau, avait-on besoin de quelques écus de plus ou de moins?

— Ces sacrés jeunes gens, disait-il, ça voudrait entretenir des danseuses! Attendez donc que vous soyez colonels et que vous ne puissiez plus faire l'amour, sacré nom de gnieu !

Et l'on s'en allait en riant aux éclats dans l'escalier étroit et obscur de la vieille maison que le capitaine Rouveyrol habitait dans la rue Poissonnerie — la rue tortueuse qui monte vers la cathédrale et que les sardinières de Saint-Jean-de-Luz traversent en courant avec leurs paniers sur le chignon...

PHILÉMON ET BAUCIS

Tout le jour jusqu'à l'heure tardive où les garçons empilent les chaises sur les petites tables de marbre salies de ronds poisseux et accrochent en se hâtant les volets de la devanture, mademoiselle Estelle Dapoumigny apparaît derrière son comptoir comme une poupée de cire qui s'est peu à peu décolorée, mais qui garde le même aspect machinal, les mêmes poses, les mêmes bandeaux luisants collés autour du front, la même rose artificielle piquée à côté de l'oreille.

On ne lui donnerait pas d'âge.

Il semble qu'elle ait toujours été ainsi blême, immobile, un peu gauche, rougissant comme une pensionnaire lorsqu'on lui demande quelque chose, souriant d'un sourire vague et sans cause, que le cadre de cette silhouette veule ne pourrait être que les glaces ternes de ce petit café de province, les globes dépolis des quinquets, les hauts vases de métal anglais d'où émergent des cuillers, les plateaux où les pavés de sucre sont empilés méthodiquement, le timbre qu'elle heurte d'un coup timide pour appeler les garçons, le registre qu'elle noircit de son écriture menue et allongée.

Elle n'est ni jeune ni vieille. Et sans cesse, dès qu'elle a un moment de répit, avec une sorte de fièvre latente qui éclaire ses prunelles d'une douceur furtive d'espoir, elle reprend sa tâche accoutumée, le trousseau dont elle ourle tantôt une chemise, tantôt un mouchoir, et auquel elle travaille depuis tant d'années. C'est un spectacle étrange et ridicule comme certaines parodies cruelles de la vie, que de voir ces coquetteries surannées, ces chiffres brodés au plumetis, ces bouts de dentelles et de rubans qui, dans la blancheur du linge, mettent comme un souhait des tendresses prochaines, de surprendre les mouvements tâtonnants de ses doigts, l'expression inquiète de ses lèvres et de tout son visage par instants où elle penche la tête, hésite, réfléchit, consulte enfin d'un regard incertain le lieutenant de recrutement qui, assis en face d'elle, épie ses moindres gestes et ses moindres paroles, lui parle à voix basse, l'interroge doucement, fronce les sourcils à la dérobée, comme s'il souffrait de la sentir condamnée à ne pas bouger de sa chaise comme une prisonnière, à supporter cette besogne lassante de parade, à respirer cette atmosphère lourde d'estaminet qui l'étiole et l'enlaidit.

Cependant, personne ne songe à s'en moquer, à les tourner en dérision, et le médecin-major, le « toubib » qui ne croit à rien et ne respecte aucun rêve, aucun culte, aucun amour, marmotte parfois, en les montrant du tuyau noir de sa pipe :

— Ces bougres-là finiraient par me persuader que c'est arrivé !

Ils ont assez enduré de misères, assez lutté contre la vie inclémente et dure pour qu'on ne les caricature pas, pour qu'on ne raille point de quolibets faciles ces pauvres fantoches d'amour dont les années croissantes, les épreuves pénibles ne parvinrent pas à briser l'énergie entêtée, la confiance en des lendemains meilleurs. Puis, c'est la fille d'un camarade, cette demoiselle de comptoir, du commandant de place de Saint-Martéjoux qui s'abattit, un jour de revue, pour ne plus se relever, comme les vieux chevaux qui se traînent jusqu'au bout sans faiblir.

Ah ! elle avait été heureuse alors — le bonheur calme dont on se souvient — dans la maison qu'ils habitaient au bord du canal où les chalands passent paresseusement à travers l'ombre verte des peupliers. Ils y vivaient d'une bonne existence intime et paisible comme l'eau qui dormait devant leurs fenêtres. Le jardin était plein de grands rosiers que le commandant émondait lui-même. Ils recevaient quelques amis, et ce fut ainsi qu'Estelle connut le lieutenant Vigueral.

Elle était presque jolie avec ses joues en fleur veloutées comme les reines-Claude mûries au soleil, sa jeunesse qui débordait en rires fous, sa taille souple qui ondulait, ses robes claires qui la faisaient paraître plus fraîche et plus rose. Il l'aima tout de suite, ne voyant, ne désirant plus qu'elle, emparadisé quand il lui frôlait le bout des doigts, quand elle riait avec lui, quand il respirait l'odeur de sa nuque ou de son corsage, et, quoiqu'elle fût encore gamine, courant dans les allées, ouvrant de grands yeux étonnés lorsqu'on lui disait les mots qui font rêver Agnès ; elle comprit aussitôt, elle aima cet officier qui s'arrêtait sur sa route, qui la contemplait avec des regards implorants comme lorsqu'on prie ou qu'on adore.

Malheureusement Vigueral était de ceux que Noriac définissait avec une ironie rude : « Officier de fortune, celui qui n'en a pas. » Pas le sou en dehors de la maigre solde que lui servait le gouvernement chaque mois. Et malgré les privations, les économies prudentes que s'imposait le commandant, Estelle ne possédait pour toute dot que ses vingt ans et quelques malheureux billets de mille, ce qui ne suffit pas pour épouser un sous-lieutenant et obtenir l'autorisation du ministre.

Ils s'aimaient trop pour renoncer l'un à l'autre, pour jeter leur cœur au vent comme on éparpille en morceaux les vieux billets d'amour, et ils se résignèrent à attendre. Quelle date lointaine ? Ils l'ignoraient et ne s'en préoccupaient point dans leur belle foi amoureuse, sachant bien que leurs mains ne se désuniraient jamais, qu'elles étaient rivées comme par une chaîne invisible. Et ils continuaient ensemble à arranger la vie espérée, comme s'ils eussent été au terme de leurs fiançailles, à la veille de leur mariage ; ils cherchaient des logements, elle travaillait à son trousseau.

Le père mort, c'était la maison fermée, la misère absolue, l'affolement horrible, le gouffre noir où l'on s'enfonce sans oser regarder autour de soi, et Estelle accepta la place de gérante que des camarades du commandant lui offraient au café militaire. Virgueral ne se rebuta pas plus que sa fiancée, et, pour ne point la quitter, pour demeurer à ses côtés comme une sentinelle fidèle qui garde une consigne sacrée, pour ne pas changer de garnison avec son régiment, il entra dans le recrutement.

Et maintenant, ils vieillissent côte à côte, isolés dans leur amour aussi ardent, aussi profond, aussi tendre qu'au temps radieux où ils se promenaient pas à pas entre les massifs de rosiers du père Damigny, où il la trouvait si jolie, si désirable. Ils prolongent, sans se plaindre, ces fiançailles éternelles ; ils se consument dans cette attente avec une sorte de ferveur mystique. Elle achève son trousseau. Il l'accompagne chaque soir jusqu'à sa porte, lui baise respectueusement le front, et, le dimanche, ils flânent dans la campagne. Dès qu'il aura sa retraite, qu'il ne devra plus de comptes à personne, ils se marieront, et, s'ils supportent cette béatitude immense d'être enfin réunis après avoir si amèrement souffert, s'ils n'en ont pas tout à coup la cervelle fêlée comme une cloche qu'ébranle une vibration de fête, ce seront deux braves vieux qui s'en iront clopin-clopinant, jeunes, et s'aimant et heureux jusqu'à la mort comme le couple fidèle que visitèrent jadis les dieux dans un bourg de l'Hellade...

L'INCONNUE DU CAPITAINE

Si jamais officier mérita la lamentable note : *Physique ingrat*, sur le registre du personnel, et les moqueries querelleuses de ses camarades, c'est bien le capitaine d'habillement Tabusque, le « Gros Père », comme l'ont baptisé les servantes de l'hôtel du Panier-Fleuri, où il prend ses repas avec les capitaines du quatrième bataillon.

Une laideur commune et banale d'homme gras que les années croissantes alourdissent et déforment. Une laideur qui n'a ni cette distinction originelle, cette apparence hautaine et grave de certaines têtes de grands seigneurs pareilles à des portraits d'ancêtres, ni la gaieté spirituelle et drôle des figures bouffonnes dont on ne peut oublier la silhouette, ni l'étrangeté macabre, dont malgré soi on demeure halluciné et hanté.

Il semble que la garance des pantalons entrés dans

le magasin ait peu à peu imprégné, coloré la peau rude de son masque, couperosé son nez large et ses pommettes ; qu'il s'évapore de ses vêtements comme une odeur rance d'effets réformés, de paperasses anciennes oubliées au fond des casiers. Ses petits yeux de myope clignotent sans arrêter leur regard sur rien, et dans ses mouvements, dans ses poses molles et avachies, se retrouve le débraillement accoutumé des tenues de bureau.

On dirait d'un vieux clerc d'huissier qui use depuis des années et des années le même rond de cuir, de son derrière placide et pesant ; que ne tourmente aucune ambition. qui a des habitudes invariées et presque machinales, et trimera sans se plaindre tant qu'il aura des forces et une lueur de pensée dans son cerveau engourdi par le labeur pareil.

Cependant, quoiqu'il se néglige avec une indifférence absolue, quoiqu'il ne se préoccupe pas plus des taches qui pointillent le plastron de sa tunique que du liséré noir de ses ongles, le capitaine Tabusque renifle les jupes des femmes, s'aventure comme un sous-lieutenant imberbe en d'absurdes prétentaines, s'expose à des déboires continuels qui amusent tout le régiment.

Et comme si ses états de service d'amour n'étaient pas le secret de polichinelle, comme si l'écho des rires qui accueillent ses prières, des portes qui se ferment sur son nez, des bourrades inclémentes qui le repoussent de l'une à l'autre ne sonnait pas encore comme un carillon ironique aux quatre coins de la garnison, le

« Gros Père » parade imprudemment, a la manie de détailler la série de ses conquêtes, raconte sans cesse les malheurs des pauvres diables d'époux qu'il a trompés, les superbes mariages qu'il a dédaignés avec une désinvolture de roué, parce qu'il ne se sent pas le courage de renoncer aux passionnettes de cinq minutes, de s'attacher le boulet au pied,

Ah ! tous les oui qu'il a refusé de prononcer ; toutes les héritières qui se sont levées autour de lui comme des alouettes attirées par un miroir, toutes les blondes et les brunes qu'il a fait sauter sur ses genoux ainsi que des poupées d'enfant, que la liste en est longue et enviable !

Cela vous éblouit, vous étourdit comme ces contes de nourrice, qui sont pleins de prouesses fabuleuses, de princes charmants que les fées protègent de leurs ailes maternelles, et l'on finirait par croire aux gasconnades triomphantes de cet imaginaire coureur de ruelles, par s'émerveiller de son bonheur, de cette chance persistante que n'entrave aucun obstacle, si les camarades ne se rappelaient pas la piteuse mésaventure qui lui arriva à Saint-Martéjoux, lorsque le régiment changea de garnison.

Bien qu'on fût dans un pays de Cocagne où les bonnets des filles ne tenaient même pas par une pauvre toute petite épingle à leurs chignons, où les femmes tendaient plus souvent leurs lèvres que leur front aux baisers et adoraient le « militaire » ; bien que les trois quarts des officiers eussent déjà trouvé des gants à leur pointure, comme disait le colonel Daumont de Croisailles et des gants à nombreuses boutonnières, parfumés, délicats, le capitaine Tabusque continuait à errer comme une âme en peine à la nuit tombante, et dans les jardins publics, et dans les églises, et dans toutes les ruelles obscures où il apercevait de loin la fuite alerte d'une robe bien troussée.

Peine perdue, et les quolibets allaient leur train au cercle et à la pension, accablaient le Gros Père, lorsqu'on remarqua qu'il paraissait cacher quelque secret, qu'il se dérangeait comme une ancienne pendule tout à coup détraquée, qu'il arrivait en retard aux repas et à son bureau, qu'il s'habillait maintenant en bourgeois et lisait dans un coin du café, avec des airs mystérieux, des lettres de huit pages écrites sur du papier bleuté.

Plus de doute, le capitaine avait trouvé à son tour de jolis gants à sa pointure.

Était-elle jeune ou vieille, laide ou adorable ? Nul ne le savait. On le suivit. On le questionna, on le flatta, on grisa son ordonnance, sans avancer d'un pas dans les recherches tentées, sans pouvoir approfondir l'invraisemblable énigme qui mettait toutes les têtes à l'envers.

Tabusque lisait complaisamment aux sous-lieutenants les lettres brûlantes qui lui écrivait l'inconnue, et tous rêvaient de lui enlever cette maîtresse, de tromper comme il convenait le fat qui l'épinglait ainsi à sa boutonnière comme une fleur rare.

On crut qu'il avait hérité de quelque oncle fastueux et fait venir de Paris quelque figurante de théâtre à femmes, ou quelque cocotte blonde en goût de villégiature. Et c'étaient des poursuites perpétuelles, des recherches savantes, tout un manège de policiers en quête d'un crime ignoré, des parties folles, des punchs auxquels on invitait le capitaine pour lui arracher n'importe quelle révélation.

Le malheureux était sur les dents, maigrissait, n'en pouvait plus, s'endettait pour soutenir jusqu'au bout cette hypothèse d'héritage.

Le colonel lui-même, inquiet, curieux de connaître les causes et la marionnette qui surexcitaient tous ses officiers et détraquaient son capitaine d'habillement, interrogea Tabusque et parvint à lui faire avouer que l'inconnue n'avait jamais existé et qu'il s'écrivait à lui-même tous ces poulets passionnés et délirants, tous ces aveux et toutes ces promesses pimentées comme des bonbons au poivre...

Voilà pourquoi les camarades laissent maintenant « le Gros Père » dévider ses parlottes et se défilent les uns après les autres, quand, à la fin du dessert, il commence une de ses habituelles histoires d'amour.

LA B'TITE GOMMERCE

Je l'entends encore, cette vieille fripouille de père Haarder, cogner contre la porte un tout petit coup très humble, très respectueux et baragouiner avec son accent pâteux de juif allemand :

— *Si ma lieutenant est occubé, che rebasserai le tantôt !*

Et, sans attendre la permission, il entrait à pas comptés, l'échine cassée en deux, tortillant son chapeau luisant entre ses gros doigts et regardant les meubles, examinant toute la chambre de ses yeux clignotants dont l'acuité fouilleuse se dissimulait sous des besicles bleues.

Le drôle de bonhomme que c'était !

Pas plus haut qu'une latte de cuirassier, les cheveux coupés à l'ordonnance, la figure pailletée de taches rousses si menues, si serrées, qu'elles étendaient comme un masque sur les joues épaisses ; l'air finasseux, vêtu d'une ample redingote à peu près propre comme un boutiquier de la rue Saint-Denis, et portant tout le temps sous le bras une serviette en lustrine verte, à la trame effiloquée par l'usure Les mains derrière le dos, d'un air indifférent, il reluquait les uniformes pendus aux patères, ce qui apparaissait par l'entre-bâillement de l'armoire à glace, flairait les odeurs éparses dans l'air, observait les cartes éparpillées sur la cheminée, les lettres posées au milieu de la table. Et souriant, le regard éteint par ses lunettes, bonasse, élargissant sa grosse bouche édentée comme un jocrisse naïf, dodelinant de la tête, il semblait avoir incrusté ses épaisses chaussures dans le plancher.

Rien ne le rebutait. Rien ne le faisait partir, ni les plaisanteries, ni les gros mots, ni les dénégations obstinées.

— Vous tombez mal aujourd'hui, père Haarder ! lui disait-on.

— Bah ! Ma lieutenant, on a toujours quelque chose à bazarder ! répliquait-il.

— Rien, absolument rien !

— Pas possible, pas une petite dragonne, pas un vieux képi !

Plus on le malmenait, plus il s'entêtait. L'âpre son de sa voix éraillée, habituée aux criailleries des enchères, s'adoucissait, prenait des inflexions paternelles, aimables. Il plaisantait, racontait des gaudrioles, devenait familier, s'asseyait, se levait, se déhanchait en des gestes incessants, et bientôt vous tutoyait comme un ami ancien.

— Tu sais, ma lieutenant, répétait-il, que la maison paye comptant... Voyons, voilà une tunique que tu ne voudrais pas mettre même à l'exercice... Cette paire d'épaulettes ne vaut plus quatre sous; tu n'oserais pas les porter aux bals de la préfecture.

Et cela recommençait, n'en finissait plus, si bien qu'impatienté, étourdi par le tapage, on lui laissait envelopper dans sa serviette de lustrine tout ce qu'il convoitait. Puis, lorsqu'il s'agissait de fixer un prix quelconque, il fallait le voir lever les bras au ciel, se lamenter, prendre à témoin le dieu d'Isaac et de Jacob, et ne lâcher ses sous qu'un à un, avec de faméliques grimaces d'avare qui doit alléger son bas de laine.

— Tu veux donc me mettre sur la paille, ma lieutenant, réduire mes enfants et mes petits-enfants à chanter dans les cours! gémissait-il. Mais, si ce n'était pas toi, si ce n'était pas le régiment, je ne t'offrirais pas vingt sous de toutes ces guenipes. J'y perds, ma lieutenant, j'y perds !

Et dans les escaliers qu'il descendait avec une lenteur prudente, marche par marche, il bredouillait encore comme une antienne piteuse :

— *Ch'y berds, ma lieutenant, ch'y berds!*

Du printemps à l'automne le père Mathathias Haarder roulait ainsi de garnison en garnison, ne variant pas son itinéraire, prenant tour à tour le coche et le chemin de fer, et visitant les moindres bourgades où croupissent des détachements. On le rencontrait partout. Il venait s'asseoir au café militaire. Il arrivait à la pension au milieu du dîner et distribuait des échantillons, des prospectus de toute sorte. Il connaissait les officiers comme un camarade retraité qui suit de loin son régiment, se tient pieusement au courant des nominations nouvelles, des aventures de garnison, et garde intacte jusqu'au dernier jour la nostalgie du métier. Il savait les goûts, les manies des uns et des autres, et griffonnait sur un volumineux portefeuille les commissions que chacun lui dictait pour les amis épars aux quatre coins du pays. Commissions pareilles, affectueuses et cordiales, bonjours de souvenir qu'on se renvoyait, qui brusquement ramenaient l'esprit en arrière, rappelaient à ceux qui étaient sortis de l'école les deux années d'apprentissage passées côte à côte à compter les jours ; les brimades cocasses, la cour Wagram, les beaux projets éclos dans le silence des vastes dortoirs, et aux vieux brisquards les campagnes lointaines, les gamelles de vache enragée, l'existence errante de garnison et la bataille âpre, continuelle, qu'ils avaient tant de fois livrée aussi bien contre la vie que contre l'ennemi.

On notait au calendrier l'époque de son passage, comme une date heureuse, et le jour où il apparaissait à l'heure de l'absinthe, ponctuel, rasé de frais, avec ses éternelles besicles, était marqué d'une pierre blanche. On l'entourait. Les questions rapides, brèves, se croisaient, se confondaient, l'assourdissaient comme un crépitement de fusillade. Il était harcelé, retourné, interpellé et n'avait pas le temps de souffler.

— Comment va Saint-Planchet ? s'écriait un sous-lieutenant.

— Montesclin est-il toujours collé avec cette grande grue de Ninoche ? interrompait un second.

— Est-ce que le pauvre vieux Roquillard est encore à l'hôpital? disait un capitaine avec une inquiétude douloureuse.

Le père Haarder vidait son portefeuille, répondait à toutes les questions sans se tromper, sans oublier personne. Il vaquait ensuite à ses « betites affaires » et commençait les visites accoutumées. Il s'arrêtait à chaque porte, dans les casernes meublées qu'habitent les officiers.

Chez les lieutenants, c'étaient des albums de photographies viennoises, des collections de nudités érotiques, qu'il échangeait le plus souvent pour des sabres bossués ou des habits râpés. Si d'aventure il y rencontrait une jolie fille en maraude amoureuse, Haarder étalait prestement des bijoux achetés à vil prix au Mont-de-Piété, des bracelets en toc, des rivières en strass qui glissaient au cœur de la gamine d'inéluctables tentations. Et il endoctrinait effrontément le couple avec une verve de camelot. Il accrochait le bracelet au poignet rose de la belle. Il poussait le coude de l'officier. Il se reculait, nettoyait ses lunettes comme pour mieux juger de l'effet produit. Il s'extasiait. C'était pour rien. D'ailleurs, il n'exigeait pas un centime, pas un quart de liard. Seulement un bout de signature sur un bout de papier. Et l'on signait bêtement trois ou quatre billets.

—Hein ! est-il assez complaisant, ce bon père Haarder!

Le « mercanti » s'attardait surtout auprès des décavés. Il avait une éloquence particulière, une mimique surprenante pour les décider aux plus absurdes folies, et avec son ton paterne, onctueux, il emmaillait les pauvres hères comme des moucherons imprudents dans le réseau d'une toile d'araignée.

Et sa phrase sempiternelle revenait à la fin de chaque affaire :

— *Ch'y berds, ma lieutenant, ch'y berds!*

La boutique qu'Haarder possédait à Bayonne, dans une rue étroite et boueuse, étranglée entre les maisons noires que n'éclairait jamais un rayon de soleil, ressemblait à un musée étrange de misère. Les cloisons piquetées de taches de salpêtre étaient tapissées d'habits élimés, de robes déteintes, d'uniformes rapiécés, usés par les longues étapes et le service journalier. A la devanture, des galons fanés, des épaulettes esquintées, des panaches déplumés brillaient, jetés pêle-mêle avec des boîtes de compas, des porte-cartes d'écaille, des bibelots artistiques et des lorgnettes ternies par la crasse. On respirait là-dedans une odeur forte de décomposition lente, la puanteur rance, fade, d'une armoire pleine de vieux chiffons et qu'on n'entr'ouvre jamais

Et comme des reliques d'une gloire défunte, sur des

planches clouées aux murs, s'alignaient les schakos, les casques, les schapskas, les bonnets de grenadiers, les bicornes de voltigeurs, les chapeaux empanachés de généraux, — toutes les coiffures militaires qui, depuis quatre-vingt-treize, se sont succédé dans l'armée. Epaves du passé peut-être ramassées sur des champs de bataille ou dans des taudis de pauvres, elles évoquaient comme des sonneries de clairons victorieux se répondant au pied des Pyramides et sous les voûtes du Kremlin, comme des visions d'épopée triomphale, de drapeaux flottants déchiquetés au-dessus des rouges tueries de peuples, de soldats qui défiaient la mort et acclamaient leur chef comme un Dieu. Maintenant, ayant fait leur temps, dédaignées, abolies, elles dormaient là comme en un cimetière abandonné, rongées silencieusement par les mites et par l'impalpable et lente poussière. Et quand on allumait une chandelle dans la boutique, leurs ombres s'allongeaient vers le plafond en de bizarres et comiques silhouettes...

Que sont-elles devenues? Le père Haarder est parti à la fin de l'automne pour la dernière garnison, celle où l'on ne fait plus la b'tite gommerce », et il a légué à ses héritiers une véritable fortune et des cartons pleins de billets. Oh! le drôle de bonhomme que c'était, avec ses besicles et sa serviette de lustrine tout effiloquée, et que de fois j'ai entendu la phrase piteuse qu'il ronchonnait de son accent pâteux :

— *Ch'y berds, ma lieutenant, ch'y berds!*

LE TEMPS DES CERISES

Le lieutenant Diouxaide était-il heureux?

Voyait-il quelque chose — le coin de soleil où l'on se reposera plus tard après le labeur fini, ou le but que l'on poursuit avec des espérances persistantes contre lesquelles tout se brise, — rêvait-il un lendemain au delà du service monotone qui use peu à peu les forces, qui accoutume à ne pas penser, à ne plus avoir de volonté, à se laisser couler à vau-l'eau comme une vieille péniche abandonnée au courant d'une rivière lente?

Aucun avancement à attendre. Trop vieux. La guerre l'avait ramassé dans un dépôt où il croupissait comme sergent de recrutement et en avait fait un officier, déjà avec du ventre qui débordait de la tunique, des rides aux tempes et de rares mèches de cheveux gris. De ceux auxquels on ne donne que des notes vagues et banales et dont le colonel guette impatiemment le départ.

Il usait les effets du gouvernement depuis son enfance. Son père avait été tué quelque part en Kabylie ou au Maroc, dans le rang, et sa mère, qui était cantinière au 3e léger, était morte depuis des années et des années. Il croyait avoir encore des parents éloignés dans un village de l'Argonne, mais n'en était pas sûr. Pas d'amis. Les camarades le harcelaient de leurs moqueries incessantes, comme ces mouches bleues qui s'acharnent dans les chaudes journées d'été sur la carcasse inerte d'une pauvre vieille rosse attachée au milieu d'une lande d'ajoncs. On ne lui accordait aucune trève. On arrivait même parfois à exaspérer jusqu'à la colère rouge cette nature débonnaire et irrémédiablement lasse.

Quand il essayait, à la pension, de commencer une histoire, toute la table l'interrompait, lui coupait la parole : « Allons ! voilà le patriarche qui va nous raconter la prise de Constantine ! » Aussi, se taisait-il les trois quarts du temps, timide, craignant sans cesse quelque algarade nouvelle, quelque méchant tour. Son grand bonheur était de lire les journaux entassés sur la table du café. Il les emportait sournoisement dans un coin sombre et, la tête penchée, immobile, les parcourait ligne par ligne du premier article aux annonces. Il ne prenait son mazagran que deux fois par semaine, pour ne pas avoir de dettes et éviter des parties où l'on peut perdre toute une colonne de soucoupes entassées.

Pas d'amour. Les femmes l'épeuraient avec leurs lèvres prêtes aux rires querelleurs, leurs regards hardis, leur beauté ensorceleuse qui fait commettre toutes les folies. Il se sentait si loin d'elles dans sa gaucherie d'homme laid et vieux, et n'osait pas frotter sa peau rude d'ancien troupier contre leurs joues fines et rosées de veloutine, mirer ses yeux atones qui louchaient dans leurs prunelles claires et lumineuses, meurtrir leur gorge souple avec le gros linge rugueux qu'il achetait au magasin d'habillement.

Il somnolait ainsi sans un battement de cœur, sans une émotion, sans rien désirer ou croire, lorsqu'il eut brusquement une poussée d'orgueil qui alluma comme une vie nouvelle en tout son être. Pour fêter le retour d'un bataillon qui arrivait de Tunisie après de longs mois d'absence, les officiers du régiment avaient donné au cercle une réception superbe, avec des trophées d'armes dans la salle et la musique dans la cour du café. On chanta des refrains rigoleurs d'étapes et des couplets d'opérette, tandis que le punch flambait dans les grandes soupières de métal. Diouxaide, qui avait bu trop de bocks et qu'enhardissaient cette demi-griserie et les appels répétés des camarades, se leva à son tour, et, très sérieux, avec des gestes, commença une romance sentimentale où il était question de petits oiseaux et de ciel bleu :

Quand nous chanterons le temps des cerises,
Et gais rossignols et merles moqueurs
Seront tous en fête,
Les belles auront la folie en tête
Et les amoureux du soleil au cœur !

Ce fut lamentablement comique.

Cette pauvre vieille voix cassée, éraillée, chevrotait, agonisait en des râles rauques, se relevait en des éclats bruyants, n'avait plus aucune sonorité distincte, ressemblait à un bêlement sourd de mouton malade ou à une clownerie de jocrisse qui fait la parade. Il mettait toutes ses forces, toute son âme dans cette fade musique. Il suait à grosses gouttes. La laideur de sa figure parcheminée de rides s'accentuait dans ces efforts comme un masque que d'invisibles mains eussent tiraillé et déformé. Et le trou noir de la bouche, les yeux par instants levés vers le plafond, l'ombre des bras dansant le long du mur, la gravité de ce vieux qui s'emballait, qui ne remarquait pas les coups de coude des uns aux autres, les rires étouffés derrière la main, les haussements d'épaules, qui continuait imperturbablement sa romance, augmentaient la drôlerie navrante de ce spectacle.

A la fin, on l'applaudit comme un acteur aimé, on le hissa sur la table, et il dut recommencer les derniers couplets au milieu des acclamations, des heurts de cuillers qui battaient la mesure contre les soucoupes, des trépignements de pieds. Diouxaide était ému, avait presque des larmes aux yeux. N'était-ce pas la première fois de sa vie qu'on s'occupait de lui, qu'on le saluait, qu'il avait un succès ? Il croyait à ces ovations dérisoires et inclémentes. Il ne s'apercevait pas que tous les camarades se moquaient de lui, lui faisaient jouer un rôle de pitre auquel on a envie de jeter des poignées de gros sous. Le commandant Pastoureau — un gros jovial qui aimait à rire aux dépens des autres — ne lui avait-il pas dit, en lui secouant la main : — Savez-vous, Diouxaide, que vous avez une voix comme j'en ai peu entendu jusqu'ici. Vous devriez cultiver cela, sacrebleu ! »

Le vieux n'en dormit pas et dès le lendemain — dans sa mauvaise chambre garnie qui s'ouvrait sur une cour — tout heureux d'être sorti de son obscurité, il acheta — lui qui ne faisait jamais une dépense inutile — des cahiers de romances et de chansonnettes nouvelles ; il chercha dans la ville un professeur de solfège. Mais les prix des croque-notes l'épouvantèrent pour sa maigre bourse de lieutenant, et il se rabattit sur le chef de musique, qui lui envoya son second trombone.

Le musicien arrivait tous les jours, après la soupe et ensemble — l'un serinant note par note l'air dans son instrument, l'autre s'évertuant à couvrir de sa voix affaiblie les sons cuivrés du trombone, à suivre la mesure, à apprendre les refrains — ils travaillaient d'ahan sans s'interrompre même pour boire un petit verre d'eau-de-vie, jusqu'à l'heure du dîner. Il arrivait maintenant en retard à la pension presque chaque soir et on le gourmandait : « Eh bien, Diouxaide ! où ça en est-il le « Nid du bon Dieu » et le « Secret de Fatmah » ?... Tu veux nous épater la prochaine fois, vieux méfiant ! » Diouxaide souriait d'un bon sourire placide, s'excusait, racontait naïvement ses progrès. Et à toutes les réceptions, il amusait les camarades, il dégoulinait ses romances une à une — en se faisant prier, avec des coquetteries surannées de cabot qui connaît sa valeur et se redresse, et prend des poses avant de chanter. Diouxaide s'entêtait dans ses illusions, soignait sa tenue, rajeunissait comme si on lui eût transfusé dans les veines du sang nouveau.

Cependant les anciens du régiment — les brisquards, qui se serrent les coudes et n'aiment pas que les « jeunes » tiraillent dans leurs jambes, — trouvaient que la farce se prolongeait trop longtemps et que le ridicule croissant du « copain » rejaillissait sur eux comme une éclaboussure d'eau sale. Et à l'exercice, un matin, le lieutenant de la deuxième du trois aborda Diouxaide durant une pause et lui dit brutalement :

— Je ne comprends pas, Diouxaide, que tu t'embrouilles si bêtement dans les feux de file et que tu n'aies pas encore vu que tous ces clampins se foutent de toi !

Le vieux ne répondit pas. D'abord, il haussa les épaules, il s'imagina qu'on le jalousait, qu'on cherchait à l'enfoncer à nouveau dans l'ombre d'où il était inopinément sorti. Il pensa à autre chose. Puis, peu à peu, à cette idée morne qu'on le raillait, qu'on le traitait comme un mauvais pitre forain, qu'il avait été bête et crédule, qu'on riait de lui, partout, même à la table des sous-officiers, même dans les chambrées, quelque chose se cassa en lui, comme le ressort d'une horloge qui éclate et se brise en pièces. Il s'enferma. Il brûla ses cahiers de musique. Il ne parlait plus à personne. Ses yeux craintifs se baissaient comme s'il avait eu peur de voir des rires entr'ouvrir les lèvres des autres. Il s'absorbait dans une sorte d'hébétude fixe pour ne pas entendre ce qu'on disait autour de lui. Son cerveau se décomposait lentement. Il n'avait plus d'énergie, plus de forces. Il s'en allait vers le vide comme un aveugle égaré qui tâtonne, qui ne trouve plus sa route dans la vaste solitude des champs. On le transporta bientôt à l'hôpital. Il ne bougeait pas de son lit, prostré, immobile, comme n'ayant plus aucune lueur vitale au fond des paupières et sur ses joues pâles, envahies par les poils drus de la barbe. Et de temps en temps seulement on l'entendait marmonner entre ses dents les lambeaux de la tendre romance des cerises :

> Quand nous chanterons le temps des cerises...
> Les belles auront la folie en tête
> Et les amoureux du soleil au cœur!

Cela dura à peine quelques semaines, puis il s'éteignit comme une chandelle aux trois quarts consumée et qu'a tourmentée un coup de bise trop forte. Et à son enterrement, le colonel, qui ne mâchait pas ses mots, — pendant que le peloton présentait les armes une dernière fois devant la fosse et déchirait l'air humide d'un cliquetis sonore d'acier heurté — ne trouva à dire que cette brève oraison funèbre :

— Encore une vieille ganache de moins !

COMPTES COURANTS

En un autre siècle, au temps fantaisiste et frivole où les belles marquises, à leur petit lever, dictaient d'une voix lasse des plans de campagne, le comte Guillaume de Neuvaine eût commandé quelque compagnie du roi et sanglé sa taille fine dans un de ces habits coquets à parements bleus et à boutons d'or fleurdelysés qui saluèrent dédaigneusement les Anglais à Fontenoy, et entraient par la brèche, dans les villes conquises, sur des airs de menuet que jouaient les violons et les fifres.

Il eût, de ses lèvres hardies, prononcé aussi souvent des commandements de guerre qui dominent le tumulte rouge des mêlées que des madrigaux sensuels qui flattent comme des caresses et troublent le cœur ainsi qu'une musique en sourdine. Et au lendemain des chevauchées lointaines, les femmes, les folles rieuses que Watteau peignit en des paysages d'enchantement, l'eussent retenu dans leurs bras souples, comme un prisonnier, et écouté avec ces frissons d'émoi qui rosent toute la chair veloutée et vibrante.

Aujourd'hui, ce n'est qu'un sous-lieutenant d'infanterie qui, au Bahut, s'étant préoccupé davantage d'écrire de longues lettres passionnées à Rose Poivron et à Luigia Longhi, de regarder avec des yeux gourmands les photographies d'actrices cachées dans un atlas que de suivre à « l'amphi » les cours de la grande barbette et des autres « pendus », n'a été toujours qu'une fine « galette » et n'a pu décrocher un numéro de cavalier. Il use philosophiquement ses semelles sur les grandes routes, comme les camarades, et n'a d'autre but dans la vie que de tuer les heures jusqu'au jour où il se mariera et donnera sa démission.

Les troupiers de sa compagnie l'adorent, car il les mène tambour battant, sans les harceler de punitions inutiles et de théories oiseuses.

Frondeur comme ses aïeux que le roi envoyait de temps en temps méditer pendant des mois et des mois au fond de leurs terres pour un couplet narquois ou une phrase hautaine, toujours en tête quand il s'agit de conduire un cotillon avec une valseuse blonde, de tenter un coup aventureux, de se moquer des gens ou de rire, le comte de Neuvaine s'est déjà battu cinq fois en duel, et il compte bien ferrailler encore pour compléter la douzaine.

On se rappellera longtemps, au régiment, les huit jours de salle de police, qu'après un mois d'arrêts de rigueur, il infligea, en sa crânerie accoutumée, à l'ordonnance du colonel pour « avoir rapporté au sous-lieutenant de Neuvaine un sabre absolument rouillé, et nécessité à cet officier la dépense d'un grand nettoyage ». Le colonel ne lui a point pardonné ce malencontreux libellé et l'a gratifié de telles notes sur le registre du personnel qu'il est bien certain de ne passer lieutenant qu'à l'ancienneté.

Sa mère, la comtesse douairière Olympe de Neuvaine, une grande vieille femme sèche et jaune comme un portrait d'Holbein, habite, tout près de Bayeux, un château seigneurial aux toits imposants et aux murs marquetés de briques rouges, qui se détachent sur les verdures profondes d'un parc, dont Le Nôtre dessina les allées ombreuses, jalonnées de blanches statues. Elle vit là comme une recluse austère, assoupie dans ses rêves fervents de paradis futurs, entendant chaque jour la messe que lui dit son chapelain, charitable aux malheureux, surveillant elle-même ses gens et ses fermages, et comme une châtelaine de jadis, traînant à sa ceinture par toute son immense maison, ses escaliers de pierre, ses pièces tapissées de boiseries sombres, le trousseau de clefs, les ciseaux d'acier et la montre émaillée aux armes de la famille.

Elle a une tendresse aveugle et confiante pour son fils, lui donne autant d'argent qu'il en demande et qu'il en souhaite. Mais en revanche exige que Guillaume envoie à Neuvaine l'au jour le jour minutieux de ses moindres dépenses.

Cette clause embarrassait d'abord le sous-lieutenant. Comment noter, en effet, les soupers clandestins qu'on fait en tête à tête avec les jolies gamines de Saint-Martéjoux, les paniers de champagne, les bouquets et le reste ? Comment expliquer surtout les voyages réguliers de cette petite danseuse de l'Éden qui lui vient apporter chaque mois entre ses dents nacrées un peu de manne parisienne ?

Et ne sachant par quel bout sortir de cette impasse, il a inscrit son budget d'amour sous la rubrique : *aumônes*. Elles augmentent de mois en mois ces fallacieuses charités, d'autant plus qu'il a au moins six ou sept maîtresses, et la douairière raconte cela avec un orgueil heureux quand l'évêque dîne au château, et attendrie à l'idée que le pauvre enfant se prive peut-être pour secourir les crève-la-faim, elle a doublé dernièrement sa pension.

LE POMPIER MALHEUREUX

A Saint-Cyr, bien qu'il eût souvent la « moyenne » de sortie, Anselme Bourriol jetait négligemment sa permission au fond de sa fausse manche, comme un papier inutile. Et pendant ces longs après-midi interminables et moroses du dimanche où les vastes études sont presque vides, où les malchanceux qui n'ont pu suivre les camarades bâillent, dormassent, ne savent comment tuer les heures monotones, indifférent aux joies extérieures, aux multiples tentations de Paris qu'il connaissait à peine, comme un voyageur affairé qui a traversé une grande ville sans s'y arrêter, sans badauder curieusement de droite et de gauche, il préparait la colle prochaine de « barbette », la tête courbée sur ses cahiers de cours, ou fignolait hachures par hachures ses épures topographiques.

Pondéré avant l'âge, il ne songeait qu'au classement

de fin d'année, il étiquetait déjà ses rêves d'un numéro d'ancienneté et il avait demandé un régiment abandonné dans un trou perdu, où l'on ne comptait que trois ou quatre officiers sortis de l'école.

Il était laid. Un grand sec aux pommettes saillantes, un peu myope, n'osant pas regarder les gens en face et embarrassé de ses pieds énormes et de ses mains gourdes.

Il écoutait plus qu'il ne parlait, s'effaçait dans l'ombre, évitait de se compromettre par une phrase équivoque ou une opinion hardie.

Il recevait de temps en temps des lettres chargées. A quoi employait-il cet argent ? On ne lui connaissait aucun vice. Ni le jeu ni l'amour. Il semblait ignorer l'enchantement bienheureux des baisers, l'émoi du cœur qui s'éveille en respirant l'odeur subtile d'une nuque blonde, en entendant une voix claire de femme, en cherchant on ne sait quel aveu dans un regard qui s'alanguit ou des lèvres qui sourient.

Et malgré ses allures placides, son dos courbé, ce labeur continuel qui l'absorbait, qui l'usait, qui donnait des teintes terreuses à ses joues, les officiers le harcelaient, le criblaient de notes médiocres, l'avaient classé dans la catégorie dérisoire des « pompiers malheureux », des déshérités qui usent en vain leurs forces en un travail opiniâtre et entêté, qui ne feront jamais leur trou, qui sont marqués au front comme par une maladie originelle pour servir de cible aux moqueries cruelles des autres...

Cependant les dures années du « Bahut », les désillusions qui l'accablèrent coup sur coup n'ont pas guéri le pauvre diable. Depuis qu'il est au régiment, il se prépare à l'École de guerre avec une résignation patiente, et ses échecs successifs dont on se moque tout haut à la pension des lieutenants ne le rebutent pas, ne parviennent pas à le décourager.

Il a loué dans une rue déserte une petite chambre garnie où, lorsqu'il n'est pas de semaine il travaille jour et nuit sans interrompre un instant cette âpre besogne même pour allumer une cigarette, même pour s'accouder à la fenêtre et reluquer les petites modistes qui reviennent en bandes de leurs ateliers. Les murs sont tapissés de cartes et de circulaires ministérielles. La table, recouverte d'un vieux tapis de serge tacheté de plaques d'encre disparaît, sous un amoncellement de cahiers et de bouquins frangés aux marges.

Le lieutenant Bourriol ne fait de visites qu'au jour de l'an. Il va rarement au café, en passant — avant l'appel. Il n'est pas propre et use ses vieilles tuniques jusqu'à la corde.

Quand il sort, on lui donnerait deux sous comme à un mendiant de rue, tant il est minable et ridicule avec les pellicules jaunâtres qui saupoudrent son col, le liseré graisseux de son képi et ses pantalons reprisés. Il marche, les bras ballants, les genoux pliés ainsi qu'un convalescent malingre qui n'a pas encore repris sa vigueur première et il ne s'arrête que devant les étalages des deux libraires qui jalonnent la rue Cardinale. Les livres militaires l'attirent, le retiennent, le front collé contre la vitrine. Il ne voit ni les soldats qui le saluent, en passant, de leur main écarquillée contre la visière du shako, ni les lourdes charrettes à bœufs qui cahotent sur les galets aigus, ni les gamines en cheveux qui l'effleurent d'un coup de coude.

Et le colonel, qui a servi autrefois dans la garde et qui aime la piaffe comme un sabreur du vieux temps, le gourmande perpétuellement et l'a noté sur le registre du personnel de cette mention brève et dédaigneuse :

« *Officier travailleur, mais peu intelligent. Physique ingrat. Fera un excellent lieutenant de recrutement.* »

LES HÉRITIERS DU COMMANDANT

Les garçons du café National gardent soigneusement la place du commandant Friquotte, comme ces allées solitaires des parcs seigneuriaux où les infantes peuvent seules promener leurs mélancoliques tristesses. C'est au fond de la petite salle où les joueurs de dominos recommencent chaque jour la même interminable partie ; une banquette de velours fané accotée à la devanture vitrée. On voit de là tout ce qui traverse la place et les bataillons qui reviennent du champ de manœuvre.

Le commandant y passe sa vie. Il arrive invariablement sur le coup de midi, sanglé dans son dolman que le ruban rouge éclabousse d'une tache sanglante, marchant les pieds écartés et la tête haute, et coiffé de travers d'un képi méticuleusement brossé. Et après avoir salué, avec une galanterie précieuse de vieux beau, la grosse demoiselle qui trône au comptoir parmi les cuillers de ruolz et les flacons de liqueurs, il va s'asseoir dans son coin familier, crachant, soufflant, trouvant tout mauvais et maugréant sans trêve. Depuis quinze ans, il boit les mêmes consommations, lit les mêmes journaux et fume le même nombre de pipes. Il a son verre, sa cuiller et son râtelier auquel pendent des « Gambier » à deux sous, merveilleusement culottées.

On le consulte dans les cas difficiles, lorsqu'il s'agit d'un carambolage douteux ou d'un coup de cartes contesté. Il décide gravement de la chose, comme un président à mortier.

Et ce fut lui qui présida le jury d'honneur quand le capitaine Caïzergues et le médecin-major Couramille firent leur fameux pari sur la meilleure façon de mélanger une absinthe. Le capitaine soutenait obstinément qu'il fallait verser l'eau goutte à goutte, avec trois pauses de cinq minutes. Le major approuvait l'autre méthode, — ce qu'il appelait le bain instantané. Les adversaires se querellaient. On voulait soumettre le cas aux feuilles publiques. Mais Friquotte, après des expériences très approfondies et des dégustations prolongées, annula le pari et approuva les deux systèmes. Cette date mémorable compte dans sa vie.

Vous vous imaginez quelle fut la stupéfaction du commandant le soir où il trouva sa place habituelle occupée par un malencontreux quidam. Et par qui, je vous le demande ? par un « colon » vulgaire, — l'huissier Pégrimard, une façon d'Harpagon maigre qui venait au café tous les quarante du mois.

Il s'était assis sur la banquette réservée, sans écouter les supplications pressantes des garçons effarés et de la demoiselle du comptoir, et tranquillement il sirotait sa demi-tasse de café.

Friquotte crut avoir la berlue. Il se frotta les yeux, son visage tanné se teinta de toutes les couleurs de l'arc-en-ciel. Il tapa du pied sur le plancher sale, fronça les sourcils et bougonna de furieuses insultes. Dans le café, tout le monde le regardait anxieusement. On frissonnait comme au cinquième acte d'un drame. Qu'allait faire le commandant ? Il était capable de jeter l'huissier par la fenêtre, ainsi qu'une balle de coton.

Pégrimard continuait à siroter son mazagran. Enfin, le commandant se précipita vers lui à grandes enjambées. La demoiselle du comptoir se cacha la figure dans ses mains pour ne pas voir le tragique dénouement de l'aventure. Chacun haletait. Mais on fut bien étonné en entendant Friquotte s'écrier de sa voix rude :

— Sacrebleu ! Monsieur Pégrimard, comment pouvez-vous prendre aussi philosophiquement votre demi-tasse ? personne ne vous a donc prévenu ?

— De quoi, commandant ? demanda l'huissier doucereusement, en allongeant son museau de fouine.

— Eh bien, Corbleu ! votre maison de la rue Cardinale brûle depuis une demi-heure, et l'on vous cherche partout.

— Ma maison! piailla Pégrimard, et, désolé, fou, il se sauva du café en courant, oubliant même de payer sa modeste consommation!

— Bon voyage! lui criait de loin le commandant.

Et il reprit triomphalement sa banquette, au milieu des rires de tous les assistants.

Pégrimard devait prendre bientôt sa revanche.

La vie du commandant est réglée comme du papier à musique. Son tableau de service ne varie pas. Lever à sept, visite à la caserne, rapport, promenade sur le Mail, déjeuner, café, partie de jacquet, exercice quand il est de semaine, absinthe, dîner, et coucher à dix. Toujours la même antienne. Cependant, à chaque trimestre nouveau, Friquotte condamne sa porte une journée entière et n'apparaît pas au café. Quand on lui en demande la cause, il répond gravement:

— Raisons d'hygiène.

Au printemps, il parle de purge; en été, de sangsues. Malheureusement, les officiers aussi bien que les habitués du café National savent à quoi s'en tenir sur ces « raisons d'hygiène ». Un secret de polichinelle qui a couru la ville et les faubourgs. Ces jours-là, le commandant fait secrètement la fête en compagnie d'une vieille amie retirée des affaires, et qui semble au dehors prude entre les prudes.

L'huissier découvrit le pot-aux-roses. Il n'avait pas encore pardonné au commandant le méchant tour de l'incendie, et, un jour de « purge, » M. et madame Friquotte furent réveillés par des carillonnades prolongées. La sonnette n'interrompait pas sa musique. On eût dit qu'un chat avait été pendu au cordon par quelque mauvais plaisant. Le commandant se tint coi, mais le tapage redoubla tellement qu'il perdit patience et ouvrit la porte. Toutes les sages-femmes de la ville étaient rassemblées sur le palier, piaillant à tue-tête et se déhanchant en des gestes exaspérés.

Une vraie scène de sabbat.

— Fichez-moi le camp, mille tonnerres ! vociféra Friquotte. Vous vous trompez de porte. Il n'y a pas de marmaille chez moi.

Alors elles lui montrèrent la lettre qu'un commissionnaire leur avait apportée mystérieusement. Toutes brandissaient le même papier. Et voici ce que lut le commandant :

« Madame, veuillez venir aussitôt chez moi. Une femme que j'aime et dont l'accouchement doit rester ignoré réclame votre ministère.

» COMMANDANT FRIQUOTTE. »

Il leur jeta la porte au nez pour toute réponse. Les sages-femmes plaidèrent. Le commandant gagna le procès ; mais les commères de la ville sont encore persuadées qu'il possède toute une nichée d'héritiers anonymes.

S'il apprend jamais que l'huissier Pégrimard...

VISITE DE SANTÉ

A sept heures et demie, le major Couramille commence à inspecter les chambrées, ainsi que l'a prescrit le colonel dans le rapport de la veille. Il roule plutôt qu'il ne marche devant les hommes campés au pied de leur lit en des attitudes gauches et inquiètes, s'arrête brusquement comme une boule heurtée à un obstacle, dévisage quelque troupier de ses petits yeux émerillonnés que voilent des lunettes de vieux savant, se baisse, le palpe, le secoue, puis tandis que le malade rougit jusqu'aux oreilles et tortille niaisement les doigts comme cousus à la couture du pantalon, l'apostrophe d'une voix exaspérée :

— Encore un coup de pied de la gueuse, triple cochon ! Est-ce qu'on sait sur quelle paillasse à poux cela va se vautrer ?... Des petites pucelles, hein, qui viennent d'éteindre leur cierge de première communion, et l'on s'en flanque pour le reste de ses jours, l'on claquarde comme un béquillard... Je vous en ficherai de l'amour, tonnerre de Dieu! et de la planche aussi! Et dans quel sale quartier ça traîne-t-il la souillon de monsieur?... Vous ne vous rappelez plus, parbleu! — Et se tournant vers le sergent-major qui se mord les lèvres pour ne pas s'esclaffer. — Vous me collerez ce soldat à l'ombre pour trier ses lettres de femmes!

De chambre en chambre, le major s'arrête ainsi, s'enroue à crier comme s'il passait en revue une compagnie de sourds, et par moments s'appuie sur le bras du lieutenant de semaine qui l'accompagne, recommence à ronchonner et finit par se dérider, par reprendre sa bonne grosse figure placide et jouisseuse d'abbé référendaire où les bajoues envahissent les lèvres, où le nez court s'épate comme une prune mûre qui se serait écrasée en tombant. Il bavarde, il plaisante, il raconte comment il soignait les malheureux « Arbis », à Géryville, les expériences de médicaments qu'il tentait sur eux comme sur des bêtes abandonnées, la foi aveugle et absolue qu'ils avaient tous, — même les marabouts — dans le pouvoir et les ordonnances du « toubib ».

— Ils auraient ingurgité des tonnes de jalap sans en crever! Ce n'est pas comme tous ces carottiers qui s'en vont geindre et trembloter à la visite comme si on en faisait voir encore au père Couramille!

Le major s'amuse toujours à revenir sur ses pas

quand dans la compagnie chacun le croit reparti et il relance dans leurs chambres les sous-officiers qui croyaient déjà avoir échappé à la corvée obligatoire. Ce sont surtout les fourriers qu'il inspecte avec une lenteur minutieuse, les beaux garçons poupins aux moustaches effilées qu'on rencontre le matin aux quatre coins de la ville avec leur cahier de rapport sous le bras, musant par les rues et accostant les petites bonnes en tablier blanc qui vont au marché.

On n'a jamais su pourquoi le « toubib » les harcèle continuellement et leur cherche noise toutes les fois qu il le peut. D'aucuns prétendent qu'il y a là-dessous une vieille rancune d'amour, le souvenir entêté d'une déception ou d'une surprise malencontreuse.

Couramille avale de l'absinthe du matin au soir. Dès qu'il entre au café, on lui apporte sa bouteille et son verre — un grand verre qu'il a acheté lui-même, et, quand il sort, la bouteille aux reflets d'émeraude est presque vide et la carafe aux trois quarts pleine. Avant de boire l'épaisse purée qu'il a mélangée goutte à goutte, il met en joue le verre et s'écrie en se frottant les mains :

— Bon, le gaillard n'est que blessé, passons-lui ses béquilles !

Et le second, le troisième « perroquet » se suivent coup sur coup comme s'il lampait de l'eau fraîche. Il appelle le quatrième « l'adjudant de semaine » ; les derniers sont les traînards qu'on ne compte plus, qui dégringolent à la débandade.

Le major n'est pas marié, mais vit depuis vingt ans avec une ancienne cuisinière qui frictionne ses rhumatismes, reprise son linge et lui cuisine des plats sucrés. Aussi la colonelle, qui est très rigide, lui a condamné sa porte, et Couramille, le soir dans l'intimité des pipes qu'il fume en rôtissant ses pantoufles sur les chenets, la traite de bégueule et prétend qu'elle couche avec tous les sous-lieutenants qui arrivent de Saint-Cyr...

LA POMPONNETTE

Les garçons venaient d'apporter des bocks pour la cinquième fois.

La grande table du cercle disparaissait sous un amoncellement de verres à demi vidés et les veinures grisâtres du marbre étaient marquées de larges taches jaunes sur lesquelles se crevaient des bulles d'écume. Une fraîcheur lente et molle montait par bouffées, comme le souffle d'un éventail, de la rivière qui coulait, gonflée par le flux, sous les fenêtres. Des étoiles éclairaient vaguement les mâts des navires et les voiles blanches, immobiles comme des ailes lassées. Les reverbères du pont Saint-Esprit se reflétaient en longues traînées frissonnantes au fil de l'eau noire et, de l'autre côté du fleuve, les masses sombres de la citadelle bouchaient l'horizon. Et le vent tiède de cette nuit d'avril jetait, dans l'atmosphère épaissie par la fumée des cigares et des pipes, l'odeur vanillée des acacias dont les branches en fleurs se balançaient au-dessus d'une terrasse voisine.

La « réception » se prolongeait très joyeuse. Tous les officiers — même le colonel — y assistaient. Un punch d'adieux, offert au capitaine Caïzergues, qui avait été nommé major dans un autre régiment. Il avait les cheveux gris et la peau parcheminée comme un vieux qui aurait longtemps usé ses semelles le long des grand'routes, et c'était le dernier, avec Eusèbe Rouveyròl, le trésorier, de ceux qui avaient été du grand carré à Isly et qui, depuis leur entrée au service, n'avaient jamais quitté le cinquante-troisième. Il rejoignait le lendemain sa nouvelle garnison et il se mêlait à son bonheur une peine secrète et profonde. Quelque chose se cassait en lui, comme il disait, à l'idée de lâcher brusquement les camarades, de ne plus voir à son collet le numéro accoutumé, de recommencer à son âge une vie inconnue, de renoncer aux habitudes prises. Une émotion triste l'étreignait peu à peu sans qu'il eût la force de la dissimuler. Il s'essuyait machinalement le front où les rides se creusaient plus larges et pareilles à d'anciennes balafres Il lampait les verres d'un trait, comme s'il eût voulu se saoûler et ses petits yeux clignotants vaguaient d'une figure à l'autre, inquiets et cherchant des souvenirs.

La gaieté première tombait un peu , se fondait en des conversations bruyantes. On ne chantait plus. Et soudain, se révoltant contre la douleur qui l'empoi-

7

gnait, Caïzergues sauta d'un bond sur sa chaise et apostropha les sous-lieutenants avec un geste narquois :

— Eh bien, la jeunesse, cria-t-il, — on ne sait donc plus s'amuser au cinquante-troisième ? Garçon, des bocks comme s'il en pleuvait ! Le père Trésor va nous entonner la *Pomponnette*...

Il battit la mesure.

— Un, deux, trois, quatre. Une mesure pour rien. Et au refrain, comme au vieux temps !

La *Pomponnette* commença. Le capitaine-trésorier en barytonnait les couplets drôles et l'on reprenait après lui, en buvant un nouveau bock à chaque reprise :

Pendant qu'il filera
Chantons la Pomponnette !
Pendant qu'il filera,
Que le voisin s'apprête !
La Pomponnette ! la Pomponnette
Qu'il file !
Ah ! que le verre a bien filé !

On avait chanté bien des « Pomponnettes » jusqu'au toast que porta le colonel — le toast sempiternel : « A notre vieux camarade !... qu'il n'oublie pas le régiment... la seconde famille... » Eusèbe Rouveyrol était parti après la « marquise ». Le travail pressait dans ses bureaux. Les comptes de fin de mois à terminer.

Était-ce le champagne ? Était-ce le succès de sa chanson ? En descendant l'escalier du cercle, le capitaine-trésorier se sentait autant guilleret que si de ses papiers on eût rayé d'un trait de plume quinze bonnes années. Il chantonna jusqu'à sa porte. Le drap de sa tunique s'éraflait par moments aux angles des murs. Sur la promenade, il s'arrêta pour regarder le croissant de la lune qui flottait au-dessus du feuillage des arbres. Il le voyait tourner et virer au milieu des étoiles comme une girouette malmenée par le vent. Il s'arrêta de nouveau devant l'enseigne de son voisin, le marchand de parapluies Gimazane. Le parapluie de zinc tournait comme la lune.

La porte fermée, il mit ses pantoufles et s'assit devant sa table. La lampe dessinait un halo jaunâtre sur le plafond. Il voulut entreprendre ses multiplications et ses additions, mais les registres gris dansaient dans les casiers. Les pancartes se balançaient. Leurs en-têtes aux fioritures calligraphiques s'arrondissaient comme des lèvres débordantes de rires. Et les chiffres se brouillaient, s'envolaient des colonnes alignées ainsi que des essaims de mouches noires.

Eusèbe avait beau se frotter les yeux, changer de plumes, ressasser patiemment, à voix haute : « Quinze et sept vingt-deux, et trois, vingt-cinq. » Les totaux n'arrivaient pas à être justes, surtout le plus gros, où il trouvait invariablement une erreur de 418 fr. 17 centimes.

Bientôt les oiseaux se réveillèrent. Il y avait des cages aux deux fenêtres, au-dessus de la cheminée, au crochet d'une suspension, sur un socle de buste. On eût dit d'une boutique d'oiselier qui fleurait le plantain et le mouron. Et éblouis par la lueur de la lampe, ils ramageaient doucement, ils semblaient répéter au capitaine :

— Allons, père Trésor ! Referme donc tes registres et va te coucher. Les gens honnêtes dorment tous à cette heure-ci, mon bonhomme. Va te coucher ! Va te coucher !

Eusèbe éteignit la lampe et se coucha. Il s'endormit d'un sommeil épais, traversé de cauchemars. Les 418 fr. 17 cent. le poursuivaient. Les deux cornes de son madras s'agitaient sur l'oreiller comme les antennes d'un capricorne. Des mots sans suite s'échappaient de ses lèvres. Et voici ce qu'il rêva tandis qu'une sueur glacée collait à ses tempes ses rares mèches de cheveux :

Il n'avait pu retrouver ses 418 fr. 17 cent., ni dans les tiroirs, ni dans le panier aux papiers, ni entre les cahiers entassés sur la table. L'argent était perdu, perdu à jamais. Et, se croyant déjà accusé de vol, il s'était sauvé en pleine nuit, droit devant lui, dans les champs. Le lendemain, le colonel réunissait le conseil d'administration. Les contrôles du trésorier étaient fouillés chiffre par chiffre, et après avoir constaté le déficit :

— Je n'aurais jamais cru ça d'un si brave homme ! s'écriait amèrement le colonel.

La phrase vibrait lugubre dans l'assemblée silencieuse comme la voix d'un croque-mort un jour d'enterrement. Pendant ce temps, Eusèbe se cachait dans un bois, grelottant de froid, le ventre vide, et machinalement, à la tombée des étoiles, il reprenait le chemin de la ville. Il s'asseyait au fond, tout au fond d'un café, dans l'ombre, buvant sa demi-tasse à petites gorgées pour ne pas être entendu, et il écoutait des officiers qui causaient entre eux.

— Cette canaille de père Trésor ! disaient-ils, on lui aurait pourtant donné le bon Dieu sans confession.

— Il a dû emporter le magot en Espagne, avec quelque gadoue !

Il haletait. Ses ongles s'enfonçaient dans ses poings fermés. Ses lèvres mordues saignaient. Chaque mot lui déchirait la poitrine. Et il avait envie de mourir pour ne plus rien entendre. La rivière l'engloutirait. Il se jetterait par-dessus le parapet du pont dans les remous du courant, et tout serait fini.

— Ces amours de vieux, c'est insensé ! reprenait un camarade.

Alors, blême débraillé, rouge de désespoir et de colère, il s'avançait vers le groupe gouailleur, la tête haute :

— Vous en avez menti ! clamait-il, je ne suis pas un voleur.

Ensuite, c'était après le jugement du conseil de guerre, Il avait été condamné à trois ans de réclusion pour détournement des deniers de l'État. Dans les brumes de l'aube, la place d'armes s'élargissait. Les troupes étaient rangées en carré, la baïonnette au canon, avec tous les sous-officiers et presque tous les officiers du régiment. Le colonel, apitoyé, avait avancé l'heure de l'exécution pour qu'elle fût moins publique ; mais les bourgeois étaient venus avant le jour et ils attendaient l'arrivée du capitaine Rouveyrol comme un spectacle curieux et imprévu.

Il paraissait enfin, en grande tenue, vieilli, écrasé comme par le poids d'une croix énorme. Les tambours battaient. Un greffier lisait pour la seconde fois l'arrêt du conseil. Aussitôt, à pas lents, les yeux rouges de larmes, le corps soulevé de sanglots, Caïzergues, l'ami Caïzergues, s'avançait jusqu'au condamné pour le dégrader. Et détournant la tête, sans une parole, il lui arrachait une à une la croix et les médailles, les boutons et toutes les galonnades d'or de son uniforme.

— Je n'ai pas volé, criait éperdument le condamné. Je n'ai pas volé ! Je n'ai pas volé !

Et comme une poutre brisée, il s'effondrait, mort de honte, dans les bras de son vieux camarade.

Le soleil se glissait entre les rideaux tirés, et d'une cage à l'autre, les oiseaux s'appelaient. Le capitaine ouvrit les yeux, s'étira longuement, et bâillant, soufflant, pareil à un pendu décroché à temps, il bougonna d'une voix éraillée par les « pomponnettes » de la veille :

— Que le diable emporte ces sacrées réceptions !

LE MAUVAIS LOCATAIRE

On donnerait le bon Dieu sans confession au sous-lieutenant Ravignac. Il a à peine vingt ans, la mine rougissante d'une petite pensionnaire qui marche encore dans les robes de sa mère.

Pas le moindre poil de moustache, mais des cheveux onduleux que le colonel ne peut entrevoir sans bougonner jalousement. Ce masque candide a d'abord trompé tout le monde. On prit pour un ange de vertu le camarade imberbe qui, cependant, n'avait jamais écouté d'autre catéchisme « qu'un peu de ce qu'on entend toutes les nuits » sur l'asphalte de Brébant à l'Opéra, qui pratiquait pieusement les plus exquis des péchés capitaux, et, dans la comédie d'amour, n'en était plus, depuis belle lurette, à ses trois premiers débuts.

Les illusions, cependant, ne durèrent pas deux jours.

Comment ne se seraient-elles pas envolées aussitôt dans cette garnison de Saint-Martéjoux, où le régiment s'attardait bienheureusement? Ravignac l'avait choisie au petit bonheur, en sortant de l'École. Jusque-là, il n'avait vu la province que dans ses cauchemars. Sa géographie se limitait à Paris, aux berges fleuries dont il est question dans madame Deshoulières, au quadrilatère inoubliable, Asnières, Chatou, Robinson, Montmorency, tous ces noms qui carillonnent dans la mémoire comme un rappel de joie. Il s'attendait à faire pénitence de ses anciennes fautes, à couronner de laides rosières, à inscrire *vigile*, *jeûne* devant les trois cent soixante-cinq jours de son calendrier. Il pressentait des rues désertes à neuf heures, des poules picorant au seuil des portes, et peu à peu le besoin d'endormir son ennui dans l'absinthe.

Or, la toile se levait sur un autre tableau. Décor pittoresque. Un coin de port brûlé par le soleil, où les voiles des navires tendaient leurs blancheurs crues dans l'horizon sombre des forêts de pins. Des maisons espagnoles aux jalousies mi-baissées, aux façades peinturlurées, aux balcons débordant de capucines.

Et trottinant là dedans, des brins de gamines qui semblaient descendues de Montmartre, des frimousses très roses, des nez en l'air qui feraient pâmer Grévin, avec, derrière la nuque, des carrés de soie voyante épinglés au chignon on ne sait comment. Amoureuses à rendre l'Amour fourbu et sachant, comme leur *Pater*, le joli proverbe basque :

« L'homme est d'étoupe, la femme de feu ; le diable » passe et souffle ! »

Ravignac en oublia tout le passé et fit un feu superbe de toutes ses vieilles lettres d'amour. Il les regarda toutes flamber d'un œil sec, même les pattes de mouches de l'adorable princesse Vanska, à laquelle si souvent il avait chanté la chanson de Chérubin, même les non pareilles fautes d'orthographe de sa dernière, de la blonde Chinchinette.

Le lendemain de son arrivée, quand il eut suffisamment toasté au cercle en l'honneur de sa nouvelle épaulette, il partit à la recherche d'une maîtresse, le ventre plein, le cœur satisfait, dodelinant de la tête, comme il est dit dans le bon Rabelais.

Il parcourut Saint-Esprit, les ponts, les allées sombres d'ormes qui longent l'Adour, les talus abandonnés des remparts. Il arrêtait toutes les jolies filles qu'il rencontrait et leur murmurait la même phrase :

— Je t'adore ! Cette nuit, à onze heures, chez moi, 35, rue Bourgneuf, au premier.

La tournée terminée, il songea philosophiquement qu'il avait donné quinze rendez-vous.

— Le choix sera plus facile, monologua-t-il.

Les quinze furent exactes, hélas ! Le ton cavalier, l'air gavroche de Ravignac les avaient ensorcelées. Elles arrivèrent même avant l'heure. On eût dit d'une procession qui montait les escaliers quatre à quatre.

Et, sur le palier étroit, tandis que de sa chambre le sous-lieutenant attendait rêvassant du paradis de Mahomet et de l'inspection charmante qui allait passer, les quinze amoureuses jalouses s'invectivèrent, se crêpèrent le chignon et hurlèrent de si lamentable sorte que tout le quartier s'en éveilla.

La police conduisit le sérail au violon. Le propriétaire eut une attaque d'apoplexie, et Ravignac, désabusé de ses idées mahométanes, chercha un nouveau logis.

De cette nuit, il put psalmodier la complainte morne du Juif-Errant.

Tous les quinze jours, on le rencontra escortant une carriole pleine de bibelots que traînait son ordonnance et s'arrêtant aux écriteaux que le vent balance. Les gamins le suivaient et les boutiquiers, sortant de leurs boutiques, se disaient entre eux :

— Voilà M. de Ravignac qui déménage.

La malchance le poursuivait de garni en garni.

Tantôt, une histoire de femmes. Tantôt, un concert de mirlitons donné jusqu'à pointe d'aube. Tantôt, un punch pantagruélique auquel les amis avaient convié leurs maîtresses et qui se terminait par un cancan échevelé.

Une fois, il se paya les cabotines et l'orchestre du beuglant, et les flonflons canailles des trombones déchirèrent le silence de la nuit.

Et toujours il déménageait, transportant dans d'autres quartiers son unique paire d'épaulettes, son réveil-matin, ses épées et ses livres.

Chinchinette arriva de Paris quelques jours après le sixième déménagement. Ravignac commençait à s'embourgeoiser. La ville parlait de sa conversion. Son propriétaire l'avait invité à dîner. Les petites filles ne trouvaient plus comme autrefois la clé sous le paillasson. Beaucoup maigrissaient et se désolaient, stationnant des heures devant ses fenêtres closes, ainsi que des mendiantes affamées.

Malheureusement, Chinchinette arriva plus affriolante que jamais, apportant comme une odeur de Paris dans ses toilettes fantaisistes et ne bavardant que de parties folles, de vie à grand orchestre, de nuitées amoureuses et de temps perdu à réparer.

Ravignac jeta son froc aux orties. Il remit sa conversion à quinzaine et se plongea de plus belle dans le tourbillon joyeux où il se ravissait de perdre la cervelle.

Quelles journées et quelles nuits !

Les chaises en cassèrent. Le canapé recouvert de velours fané en resta raviné pour longtemps. Le lit en fut détraqué.

Et, un beau matin, sans frapper, le propriétaire pénétra dans son immeuble.

— Monsieur, dit-il d'une voix funèbre, la situation n'est plus tenable ni pour moi ni pour mes meubles... Mes meubles rendent l'âme... Moi, je deviens asthmatique...

— Asthmatique, fit Chinchinette. Je ne m'explique pas...

— Je m'explique, alors. Nos lits se touchent derrière la cloison... Depuis que madame est arrivée, ma femme ne peut plus dormir, et lorsque ma femme ne dort pas...

— Monsieur, je suis désespéré ..

— Je le suis également, mais il m'est impossible de vous conserver.

Ravignac déménagea pour la septième fois. Chinchinette reprit le train.

Il chercha longtemps. Les propriétaires étaient revêches. Les portes se refermaient à son nez comme des portes de prison.

Il se voyait déjà obligé de vivre sous une tente ou d'aller partager quelque baraque de soldat.

Enfin, vers le coucher du soleil, il visita un dernier logement dans la rue Pannecau.

Il fut accueilli par une jeune veuve qui souriait doucement.

— Monsieur de Ravignac, n'est-ce pas ? demanda-t-elle.

— Lui-même, répondit le sous-lieutenant.

Il s'aperçut que la femme était charmante, que ses yeux luisaient, que ses lèvres rouges paraissaient quêter l'aumône d'un baiser, et il ne regarda ni le papier crasseux, ni les images d'Épinal, ni la pendule en simili-bronze qui ornaient le salon.

Ils firent une station dans l'alcôve. Le lit était très large, un vrai lit de jeunes mariés en lune de miel.

— Il est excellent, je vous assure, affirma la veuve.

— On dirait que vous en savez quelque chose, dit Ravignac.

Et suivant son habitude, sans demander la moindre permission, il l'embrassa brusquement dans les cheveux follets qui frisottaient sur son cou.

Elle ne résista pas, et, s'abandonnant, elle lui montra du doigt une porte qui était verrouillée.

— C'est la porte de ma chambre, murmura-t-elle ; l'ancien locataire était si laid !...

— Que vous l'aviez condamnée. Et pour moi ?

La veuve éclata de rire, et dès lors on ne rencontra plus par les rues la carriole que traînait en soufflant le malheureux ordonnance

LEÇON D'ESCRIME

La grande cour de la caserne est au plein soleil, le long d'un mur blanc où sont charbonnées les cibles qui servent au tir au tube, des soldats en pantalons de treillis et en vestes qui se déhanchent par couples à chaque commandement des prévôts. Leurs pieds lourds soulèvent en heurtant le sol desséché, des flocons de poussière qu'emporte le vent. Les hommes sont rouges de fatigue et suent à grosses gouttes. Et avec leurs baguettes de coudrier dérisoires qui se croisent, leurs mouvements pesants et gauches, leurs mines ahuries, ils ressemblent à des marionnettes articulées qui répètent machinalement la pantomime prochaine. Les prévôts jurent d'une voix enrouée, vont et viennent de l'un à l'autre, bougonnant les mêmes observations, redressant d'un geste brusque un torse déjeté ou une jambe qui ne se tend pas assez.

Et de temps en temps, au milieu du tapage, l'adjudant Sanguinétti se dresse dans le rectangle d'ombre que dessine la porte ouverte de la salle d'escrime. De grosses moustaches rousses sous un nez piqueté de fibrilles violâtres, un nez de buveur qui connaît bien le chemin de la cantine et ne refuse jamais une « politesse ». Des yeux à peine fendus, mais dont les prunelles luisent et vacillent sans trêve. Et toute la figure fendue d'une large balafre qui lui donne on ne sait quelle allure batailleuse. De fantaisistes arabesques galonnent les manches de sa veste de coutil, et un cœur rouge s'étale, rayonne sur son plastron couturé de mouchetures.

Il semble ne pas regarder, penser à autre chose, et se dandine et martèle du bouton de son fleuret les semelles de ses sandales. Et tout à coup, comme une araignée qui se précipite sur des mouches, le voilà auprès des recrues, les bras croisés, les sourcils froncés, se démenant, se retournant à droite et à gauche vers les pauvres diables qui n'osent plus bouger, qui restent dans la position commandée :

— Qu'est-ce qui m'a fichu des empalés pareils ? crie-t-il. Vous avez donc fait vos classes dans l'armée du pape pour vous tenir ainsi comme des porte-cierges ?... Voyez-moi là-bas ce numéro trois qui pique une tête sur son voisin, et le numéro dix, non, le numéro onze... numérotez-vous, scré nom de gnieu ! et plus vivement qu'ça ! — et interpellant alors les prévôts qui reluquent à la dérobée l'horloge de la caserne, — vous n'*leurs* apprenez donc rien ? vous n'êtes donc bons qu'à lever le coude ou à sauter le mur ? Faut-il que j'm'en mêle, qu'je vous colle tous itérativement au bloc pour insuffisance dans l'instruction, nom de gnieu !... Leur avez-vous seulement inculqué les principes fondamentaux de l'escrime, les principes sans lesquels le plus malin ne sera jamais qu'un ferrailleur de quatre sous ?... Je recommence pour ceux qui ont l'oreille dure... Le sentiment du fer, le coup d'œil, le départ du pied ; le respect du sexe et la tradition dans le progrès... M'avez-vous compris, nom de gnieu !

Et satisfait d'avoir montré à ces « clampins » ce que c'est qu'une leçon de l'adjudant Sanguinetti (vingt ans de service, trois campagnes et une blessure), le professeur d'escrime s'éloigne à lentes enjambées, cambré dans sa veste blanche et faisant claquer ses sandales à chaque pas.

Tant que les prévôts distinguent sa silhouette massive, c'est une rumeur assourdissante de commandements brefs, de clameurs rudes, de jurons rageurs qui se mêlent, qui se répondent comme une tiraillerie soudaine d'avant-postes. Les recrues effarées, ayant encore dans l'oreille la rauque voix éraillée de l'adjudant, ne comprennent plus, s'embrouillent, confondent des mouvements.

Et lorsqu'il a disparu enfin, qu'on n'entend plus le

bruit sec des sandales, l'exercice reprend sa monotonie accoutumée, les commandements s'espacent, deviennent à peine distincts; les prévôts bâillent bruyamment; les hommes s'essuient le front, et ils guettent tous, avec une impatience sourde, le clairon de service qui essaye son embouchure avant de sonner la berloque...

LES PAYS

C'est tout au bout du faubourg des Récollets — presque dans les champs — le long du canal dont les eaux dormantes reflètent les lourdes coques des chalands. N'étaient les cigales qui grésillent dans les feuilles des peupliers roussies par l'éclatant soleil, l'impalpable poussière blonde qui enveloppe l'horizon comme d'un voile de gaze, les troupeaux de chèvres qui dorment devant les portes closes d'une natte en sparterie, la vigne qui monte jusqu'aux tuiles rouges des toits, on se croirait à Haarlem, au pays paisible où des pots de tulipes apparaissent derrière les petits carreaux cerclés de plomb des fenêtres. Un petit café borgne de mariniers, un bouchon malpropre entouré de tonnelles étroites où les verres se choquent tout le jour. Des poules familières picorent entre les tables. La mère Hirribaren — une veuve solide qui n'a pas froid aux yeux — faisait autrefois toute la besogne avec une gamine laide, nippée de quatre chiffons, qui lavait les verres et la vaisselle de ses grosses mains rougeaudes.

Les troupiers sont d'abord venus par couples, sans savoir où ils allaient, en musant droit devant eux — le dimanche — comme des bêtes lâchées après le travail. C'étaient des « bleus », des recrues, encore gênés dans leur tunique neuve et leurs gants de filoselle blanche, échinés par le labeur monotone et incessant de la caserne, les exercices, les théories, les corvées, et qui, rongés de nostalgie, pérégrinaient hors de la ville par un instinctif besoin de revoir les sillons où les blés germaient, les haies, les arbres des vergers, les prairies ; de respirer l'air plus doux, plus léger des grands espaces. Ils s'arrêtèrent pour boire un coup de vin nouveau et déboucler leur ceinturon.

Et quelle rigolade, alors, quels éclats de rires, quels claquements de baisers ! On se reconnut. Elle en était, la veuve ; elle portait le foulard de soie noué au chignon comme les « chatounes » coquettes de Saint-Jean-Pied-de-Port et d'Hasparren. Elle s'en vantait d'être basquaise et montrait ses chevilles fines à tenir dans une bague de fiancée et ses lèvres rouges comme des sorbes mûres. Elle parlait la bonne langue, le rude idiome de là-bas qui ressemble au bruit des galets roulés par le flux. On but du vin paillé, du bon clairet doré, coude à coude, comme de vieux amis qui se retrouvent. Et l'hôtesse leur donnait de grands coups de poing dans le dos, s'échauffait, ne parvenait pas à dégouler son histoire, à leur conter comment elle avait échoué si loin, dans cette ville du Languedoc, après la mort de son mari, le pauvre brave homme !

Eux y étaient pour leur sort. Cinq ans. Que ce serait long à tirer, et les amoureuses délaissées les attendraient-elles jusque-là, malgré les promesses échangées et les serments du départ ? La mélancolie vague du jour qui s'affaiblissait, des rayons roses du soleil couché qui traversaient le treillis de la tonnelle, s'imprégnait à leurs paroles, et ils se rappelaient la promenade dernière, avec le tambour et le flûteur en tête, le drapeau neuf dont les plis claquaient et se déroulaient au-dessus de leurs rangs, les adieux à chaque porte, les adieux rapides parce que l'on a peur des larmes des autres, la chanson des conscrits qu'ils beuglaient à pleine gorge, la chanson amère :

Ce que je regrette en partant,
C'est le tendre cœur,
Le tendre cœur de ma maîtresse,
Et ma mère aussi ! Adieu mon très cher temps.

Longtemps, tant qu'on avait pu voir les toits, le clocher et les deux côtés de la route, sur les tas de cailloux, les filles en pleurs qui leur envoyaient des baisers du bout des doigts, ils s'étaient retournés, ils avaient agité leurs bérets de laine. Et la veuve les secouait, les ragaillardissait, leur versait à boire comme une bonne amie qui a ramassé des clampins. Ils revinrent ensuite plus nombreux.

Le café ne désemplit pas.

C'est, chaque dimanche, un envahissement tapageur de pantalons rouges, de soldats qui s'apostrophent, se querellent en patois, dansent en manches de chemise, chantent de lentes mélopées rustiques qu'on dirait rythmées par la sourde voix du vent dans les bois de pins, ou le bruit du soc qui fend les mottes de terre luisantes et grasses. Ils retrouvent la glèbe natale dans cette mauvaise guinguette de faubourg, dans ce jardinet de trois pans moins large qu'un enclos de pauvre. Ils revivent là dedans et oublient de compter les mois, sentent moins le poids de leur ennui, les rancœurs du métier de garnisaire qui n'est pas gai tous les jours et dont l'on ne pressent pas les lendemains glorieux.

La payse les appelle par leurs noms, les connaît tous, trinque avec eux d'une main gaillarde. Elle a pris de nouvelles servantes, de fortes filles pas farouches, qui ne reculent pas devant un baiser, ni devant deux, ni devant dix, et se laissent prendre la taille dans les coins d'ombre. Elle sait tout ce qui se passe dans la caserne, le nombre des consignés, les nominations des caporaux et de sous-officiers, donne ses commissions aux heureux qui partent en congé. Et comme elle a le cœur sensible, la tête chaude et des lèvres friandes d'amour, madame veuve Hirribaren a choisi dans le tas pour dénouer les cordons de son corset, le sergent Baïgorry, un beau gars planté pour se carrer dans un uniforme de garde-française et oublier ses épaulettes dans les alcôves, qui a des yeux bleus de fille, des épaules de saltimbanque, et était un rude joueur de « pelote » à Ciboure, où sont les cascarottes aux larges hanches brunes...

LE SAPEUR COQUENGNIAC

Dans l'immense cour de la caserne où les arbrisseaux défeuillés grelottent lamentablement, flagellés par le vent d'automne, les recrues, arrivées pêle-mêle par tous les trains du matin, étaient depuis une heure rangées sur deux rangs. Au milieu de la brume blanchâtre qui voilait encore les fonds, cette grouillante traînée d'hommes pressés les uns contre les autres en des poses avachies, vêtus de bourgerons déteints, de tricots râpés, coiffés d'invraisemblables chapeaux, était presque comique. Ils ne se parlaient pas, inquiets, le cou tendu, les bras ballants et contemplant d'un regard atone cette grande façade plâtreuse, trouée d'innombrables fenêtres, qui, pendant tant de mois, allait être le décor invariable de leur vie. On eût dit d'un troupeau de bêtes vendues au marché et qui, désorientées, farouches, cherchent à droite et à gauche le porche rare de l'étable familière, les prairies barrées d'ombre par les peupliers, où les hautes herbes piquetées de fleurs ondulent comme la nappe verte d'un étang...

C'était la plus précieuse collection de marionnettes caricaturales qu'il fût possible d'imaginer. Figures niaisement épanouies, nez interminables, bouches fendues jusqu'aux oreilles, et les pieds massifs, monstrueux, qui crevaient le cuir douloureusement tourmenté des souliers. Feu Darwin eût pu démontrer là, *in anima vili*, l'origine simiesque de la pauvre humanité.

Cependant, au premier rang, dominant les rachitiques voisins de sa haute taille, se dressait un gaillard superbe, robuste d'épaules, emmitouflé dans un très vieil ulster. Le poing campé sur la hanche comme un spadassin gouailleur qui attend quelque belle amoureuse, la jambe gauche tendue, il monologuait tout seul à mi-voix des paroles inintelligibles. Un ennui prodigieux assombrissait sa face blême. De longs cheveux tout graisseux de pommade débordaient sous les ailes de son feutre. Et l'on devinait aussitôt son métier famélique de cabotin bohême, à voir ses paupières rougies par le perpétuel papillottement des quinquets de la rampe, son menton enluminé de tons violâtres et ses joues flétries par les maquillages mal essuyés...

Suivi de toute la ribambelle des officiers, du major chargé de gros registres, du chef de musique et du lieutenant-colonel, le colonel Montalvin passait, un par un, l'inspection de ses nouveaux soldats. Il les interrogeait d'un ton brusque, se déhanchait en des gestes extravagants, faisait des mots et riait, de-ci, de-là, d'un gros rire saccadé.

— Pas mal, le numéro 20! s'exclama-t-il en s'arrêtant devant le cabot. Je suis certain que c'est un clerc de notaire...

— Un ancien séminariste, plutôt, hasarda le major timidement.

— Allons donc, Motebart, vous voyez des curés partout!

Il s'approcha du conscrit.

— Votre nom? demanda-t-il.

— Epiménide Coquengniac, Monsieur!

— Appelez-moi donc « mon colonel »... Ces gens-là n'ont pas pour deux sous d'éducation... Votre état?

— Artiste dramatique, des premiers grands rôles, premier sujet des théâtres des Bouffes de l'Ouest et des Délassements de Perpignan, du théâtre Caton de Tarbes, des Variétés de Saint-Omer et des meilleures scènes de la province et de l'étranger.. A créé le rôle de Papélidos dans « *la Nièce du palikare* », drame à spectacle, représenté pour la première fois, le 30 janvier 1879, au théâtre français de Mascara; jouait en dernier lieu le répertoire...

— Suffit, interrompit le colonel stupéfié par cette litanie de titres que le nommé Coquengniac avait débitée sans reprendre haleine... Crebleu! ajouta-t-il, quelle platine! ça fera un bien beau sapeur!

— Moi, sapeur! gémit le cabotin. Laisser pousser ma barbe ! Et s'il faut jouer les Néron, les Marceau, s'il faut... Impossible, Monsieur !

— Quatre jours de salle de police, pour vous apprendre à dire « mon colonel », conclut le supérieur.

Et il continua sa revue, tandis que le major griffonnait au crayon, sur son calepin, dans la colonne des élèves-sapeurs, le nom ronflant d'Épiménide Coquengniac.

Dès lors commença une réédition burlesque de la philosophique fable de la Fontaine : « Le pot de fer et le pot de terre. » Le sapeur malgré lui résistait. Le colonel s'entêtait et, durant deux mois, la lutte fut digne d'être chantée en poème héroï-comique.

Un jour, Coquengniac entra à l'infirmerie pour une maladie imaginaire et en profita pour obtenir du médecin une ordonnance de tondaison hygiénique. Une autre fois, il se brula accidentellement la moitié de la barbe. Il inventait stratagèmes sur stratagèmes pour garder intacte de tout poil la virginité de son menton.

Le colonel ne décolérait pas.

— Je tiens depuis quatre ans le régiment dans ma main, ne cessait-il de répéter, et je n'arriverai pas à me faire obéir!

Aussi, les jours de salle de police, les jours de consigne et le reste pleuvaient-ils comme des giboulées en mars sur le dos d'Épiménide Coquengniac. Il couchait plus souvent sur la planche que sur la paillasse de chambrée. Et son livret avait déjà deux pages noircies de punitions quand il se décida tardivement à garder sa barbe.

— Dissimulons! murmura-t-il très bas, et entremêlant à la fois les plus sinistres passages de son répertoire, il déclama, en se drapant dans sa capote comme en un peplum de tragédie :

— A nous deux, maintenant, Monsieur Montalvin, ma vengeance qui veille, avec moi toujours marche et me parle à l'oreille! »

Il attendit longtemps. Le colonel avait oublié ses rancunes passées. Coquengniac était perpétuellement de planton chez lui. On le choisissait surtout les jours de réception de la colonelle. La cuisinière l'adorait. Il lui récitait des vers entre deux bols de bouillon. On eût dit qu'il faisait partie du mobilier de la maison.

Et, sur ces entrefaites, le temps de l'inspection générale arriva. Le colonel, qui espérait voir tomber des étoiles au fond de son assiette, comme cela se passe dans les féeries, invita son inspecteur et ses principaux officiers à dîner. L'inspecteur avait une réputation incontestée de gourmet et tenait merveilleusement sa place à table. Le colonel ne l'ignorait pas et son dîner devait être un chef-d'œuvre culinaire. Les convives se présentèrent à l'heure militaire. On causa quelques instants — bêtement — comme l'on cause toujours à jeun. L'heure sonna, puis le quart, puis la demie. Le colonel n'y comprenait rien. L'inspecteur se refrognait dans sa barbiche blanche. Les conversations se mouraient.

Chacun se regardait inquiètement. Enfin, n'y tenant plus, madame Montalvin courut à la cuisine. Les fourneaux étaient éteints, les plats brûlés, le dîner abandonné.

La cuisinière, éperdue d'amour, avait jeté son tablier par dessus les casseroles et s'était sauvée vers quelque guinguette en compagnie du galant Coquengniac. L'inspecteur dut se retirer à jeun comme devant et nota déplorablement le colonel Montalvin.

Épiménide Coquengniac s'était vengé.

LES PETIOTS

Deux par deux, tout drôles dans leurs capotes trop larges et leurs pantalons rouges, marchant déjà au pas comme de vieux soldats et faisant le salut militaire quand on rencontre un officier, avec, au milieu d'eux — ainsi que des canetons fourvoyés parmi une couvée de poussins, — trois enfants de troupe de gendarmes, les petiots du régiment s'en vont à l'école.

Le sergent qui les accompagne traîne un peu la jambe et a la figure couturée de rides comme si le temps l'avait sabrée d'ineffaçables balafres. Les brisques cousues à sa manche reluisent comme un large brassard d'or. Et l'on dirait, à le voir escorter cette ribambelle de gosses, qu'il surveille de regards inquiets, qu'il menace d'un froncement de sourcils, de paroles vagues marmonnées entre les dents, d'une vieille bonne qui, à la longue, a fini par être de la famille, par s'attribuer des droits chimériques de parents sur les enfants qui ont grandi dans ses jupes et que l'on continue à lui confier.

Peut-être jadis, au temps où son cœur battait plus fort, où des lueurs de jeunesse flambaient dans ses prunelles claires, le brave homme avait-il fait ce rêve doux et si reposant au soir du labeur, de se marier quand il reviendrait au pays, de reprendre quelque amour robuste interrompu par son départ, d'asseoir à la place accoutumée de la vieille maman, partie pour le noir voyage, une belle fille rouge et saine qui chaque jour, à l'heure ou l'on ramène les bœufs, l'attendrait à mi-chemin avec les enfants. Mais sait-on comment la vie tourne et ce que réserve le lendemain de désillusions, de nouveaux projets ou de coups de tête affolés ? Sait-on pourquoi l'on se trompe de route, l'on s'incruste aux mêmes coins comme des coquilles arrêtées dans le varech, l'on s'habitue même aux rancœurs, même aux nostalgies douloureuses !

Pierre-Marie Lempereur rengagea, puis rengagea encore et rengagerait jusqu'au déclin de ses forces si le gouvernement le lui accordait. Il s'est attaché à cette sorte de famille dont on lui confiait la garde comme à une sentinelle plus vigilante que les autres ; il met une telle conscience dans sa tutelle rigide que les sous-officiers, toujours prêts à gouailler, l'appellent : « Maman Lempereur ». Ce sont des brocards continuels à la cantine : « Maman Lempereur, est-ce que tu ne vas pas les coucher? » « Maman Lempereur, tu oublies tes biberons! »

Le vieux ne se cabre pas sous ces quolibets raillards et il s'enorgueillirait presque du sobriquet qui le poursuit dans la caserne. Et quels rengorgements, quelle joie éclairent sa face sèche, lorsqu'à l'inspection générale, il présente ses petiots astiqués, propres comme des sous neufs et que le « grand chef » le complimente sur leur belle tenue! Parbleu! c'est lui-même qui les a brossés, nettoyés, frottés un à un des pieds à la tête, qui a passé une douzaine de revues dans la chambrée, avant de les aligner sous les maigres arbrisseaux qui jalonnent la cour.

Ses enfants de troupe!

Il ne songe qu'à eux. Il les suit anxieusement dans la vie à mesure qu'ils s'essaiment dans les régiments, que, devenus des hommes, ils lui échappent les uns après les autres. Il sait ce qu'ils deviennent et s'ils tournent bien ou mal. Dans sa chambre aux murs blanchis à la chaux, il a cloué la photographie en saint-cyrien du petit Jouvenel — le fils du vaguemestre — qui n'a point marqué le pas, celui-là, et qui deviendra maréchal de France, cela s'est vu, les petiots! Et, à d'autres moments, il essuie des larmes tristes du revers de sa manche, il a envie de jurer, de casser tout, d'abandonner le métier quand il se rappelle la dégringolade lamentable d'un de ses petiots qu'il aimait entre tous. Jean Michel, qui avait gagné tout de suite ses galons de sergent-major et, pour l'amour d'une sale gueuse, d'un mauvais louchon avec des cheveux roux jusqu'aux cils et de la poudre de riz sur les joues, qui barbotta l'argent de l'ordinaire et passa au conseil.

— Ah! si je l'avais tenue alors, cette enjôleuse, je vous jure qu'elle s'en serait souvenue longtemps, ronchonne-t-il en crispant ses poings noueux.

Et la retraite venue, bien que remplacé et rayé des contrôles, « maman Lempereur » ne quittera pas la garnison et continuera de s'occuper de ses enfants de troupe. Il viendra s'asseoir dans leur chambrée, causer avec eux comme un grand-père bonhomme, fumer sa pipe à lentes bouffées en les écoutant réciter leur théorie, feuilleter leurs cahiers de notes paraphés par l'instituteur. Et machinalement, comme s'il n'avait pas encore rendu son ancienne consigne, il marchera derrière eux, il les accompagnera à l'école, pareil aux vieux chevaux fourbus qui, lâchés, repartent vers les relais familiers et ne se déshabitueront jamais de porter leur pesant licol...

L'ÉCOLE DES TAMBOURS

Sur le revers de la grand'route dont la ligne blanche s'allonge au loin — à l'ombre des vieux ormes poudrés de poussière grise — deux à deux, d'un pas machinal et lourd, les petits tapins vont et viennent, rabotant des ra et des fla bruyants. Le tumulte sourd des peaux d'âne monte, se fond dans l'air léger, couvre de sa rumeur monotone le frisselis des feuilles agitées par le vent, les clairs appels des alouettes qui s'échappent de l'épaisseur des blés, le roulement des charrettes qui descendent au marché de Monthélijas.

Les élèves encore maladroits, accotés du dos au tronc des arbres, étudient les batteries, s'arrêtent par instants pour écouter les observations brèves que ronchonne le caporal de l'un à l'autre.

A l'écart, le tambour-major, sanglé dans la tunique que dilate le soulèvement de sa respiration de colosse, la main posée sur le pommeau de cuivre de la canne où le soleil accroche de luisantes étincelles, raconte à un brave bourgeois qu'il a arrêté dans sa promenade les rancœurs humiliants de la mauvaise année — celle où le ministre creva les caisses et fit rentrer les tambours dans le rang.

— Comme des carapatains d'un sou, monsieur, et moi qui vous parle, qui ai vingt ans de service, cinq campagnes, qui passe, sans me vanter, pour être un artiste dans la partie, on m'avait fichu dans les doigts un clairon, un turlututu de gosse. Me voyez-vous avec ça aux revues, tonnerre de Dieu! me voyez-vous avec ça?...

Plus loin, la veuve Lamour, une vieille marchande qui vend chaque jour aux tapins de la charcuterie rance, de la bonne petite piquette de l'année et du « sacré chien » à trois sous les deux verres, accourt, traînant cahin-caha ses quilles rouillées dans l'herbe roussie et suant à porter son lourd panier.

Est-ce qu'on ne va pas bientôt faire la pause et l'entourer et la harceler de quolibets gouailleurs?

Et sous les larges ailes de son chapeau de paille, la figure ratatinée et bourgeonneuse de la veuve sourit, s'éclaire d'une pensée heureuse — comme si elle se souvenait du temps lointain où son bonnet blanc ne tenait que par une épingle, où elle ramassait plus de baisers que de gros sous et où elle faisait volontiers crédit aux petiots qui avaient les lèvres chaudes et les reins solides...

Au passage, les paysannes qui poussent devant elles, à coups de gaule, des cochons lourds de graisse dont la peau frottée a des roseurs fraîches sous les poils drus, s'arrêtent, dévisagent curieusement les tambours. Elles demeurent immobiles, silencieuses, assourdies par les batteries, retenues par le bruit, avec du rire incertain sur leurs traits hâlés, tout piquetés de menues taches de rousseur, — les pieds nus dans la poussière, car elles portent leurs souliers pendus au cou pour ne point les user, — et bientôt repartent en saluant les soldats d'un bonjour vague et nonchalant...

Et le tambour-major, qui s'est aperçu que de jolies filles le regardent, chuchotent en se montrant du doigt sa carrure énorme et ses galons d'or, enfle sa voix, se redresse, se pavane, joue avec sa canne comme avec un fétu de paille, fait la roue ainsi qu'un paon dont la queue ocellée s'éploie en éventail sur les fonds sombres d'un parc, dans les chaudes lueurs d'une journée d'été...

LES SAINT-MARTIN

... Que de fois — au bon temps enfui des écoles buissonnières — il nous est arrivé de suivre les vieux retraités !

C'était surtout par ces après-midi limpides, trempés de bleu où flottent dans l'air d'impalpables poussières, où les feuilles brûlées retombent, les après-midi de juillet sereins, ensommeillants, où — comme on dit là-bas en Languedoc — il fait très soleil. Dans le coup de lumière aveuglante qui flambait entre les platanes immobiles, la longue allée du Mail semblait la nappe figée d'un étang et les bancs de pierre fouillés d'inscriptions et de dates amoureuses luisaient ainsi que des marbres ambrés. Les moineaux ne pépiaient plus et, à travers la promenade déserte, il ne sonnait que l'assourdissante crécelle des cigales pâmées.

Toutes ces impressions d'enfance me reviennent

comme d'hier avec leurs étonnements naïfs et leur franche saveur.

Je revois tous ces vieux, pareils à des jumeaux sexagénaires, qui, cahin-caha, dévalaient sur le Mail, les uns après les autres — chaque jour — à l'heure invariable de l'exercice, lorsque dans les rues voisines les roulements des tambours et le pas alourdi des troupiers secouaient de vibrations folles les vitres des maisons.

Nous les regardions sans oser sourire, attirés machinalement par ces faces d'aïeux parchemineuses, tailladées de balafres farouches et que ridait déjà l'implacable coup d'aile des suprêmes angoisses. Il rayonnait en effet, au fond de leurs prunelles éteintes, je ne sais quelle vague douceur, quelle tendresse immense quand elles s'abaissaient vers les petits. Ils passaient appuyés sur une canne à bec de corbin, sanglés en des redingotes noires, râpées, méticuleusement brossées, boutonnées jusqu'au cou et que la rosette de la Légion d'honneur éclaboussait d'une tache rouge. Ils avaient l'air éternel, ces processionnaires macabres, raidis, droits, la tête au vent et les moustaches cirées.

Ils parlaient entre eux toujours des mêmes choses, revivant le passé, évoquant avec des gestes larges les épiques batailles dont le tumulte emplissait encore leurs oreilles. Leur voix cassée avait des résonnances métalliques de clairon en prononçant certains mots.

Souvent, ils s'interrompaient piteusement au milieu

d'une enthousiaste litanie de gloire pour se plaindre de leurs rhumatismes, de leurs blessures ou lire un faire-part mortuaire. Alors commençait le morne chapitre des disparus, l'énumération cruelle des amis tombés un à un dans le grand trou d'oubli et glacés, frissonnant malgré eux comme s'ils eussent entrevu le lit d'agonie aux draps bouleversés, le crucifix, les bougies qui grésillent sur une chaise et l'adieu poignant, le serrement de mains désespéré qu'avant de fermer les paupières le moribond échange avec ceux qui restent ici-bas, les vieux se serraient coude à coude et changeaient de conversation.

— Comme on marche maintenant ! s'écriaient-ils en voyant manœuvrer les compagnies d'infanterie qui se déployaient d'un bout à l'autre du Mail. Comme on marche ! De notre temps, sacrebleu ! vous vous en souvenez, une, deux, les armes hautes sur l'épaule, les bras balancés en cadence... On aurait dit un seul homme, quoi !

Et, se séparant, ils allaient se planter en face des troupiers, les mains derrière le dos, approuvant de la tête, haussant les épaules, creusant le sable de la promenade d'un piétinement incessant. Ils interrompaient parfois l'instructeur, lui donnant des conseils, citant des fragments de théorie qui dataient du père Bugeaud. Ils jetaient brusquement une gaillarde épithète de caserne aux soldats qui commettaient des bévues.

Ils gesticulaient de la canne comme s'ils eussent

tenu un sabre. Ils demeuraient des heures entières au soleil, heureux, dédaignant le monde entier, guéris de leurs rhumatismes, de leurs rancœurs amers. Ils se croyaient à nouveau officiers, commandant des hommes, ne portant plus la grotesque défroque des pékins. Les soldats les connaissaient bien et de loin ; dès qu'ils les apercevaient arpentant le Mail à grandes enjambées, ils répétaient d'un accent gouailleur :

— Tiens bon, Madelon ! V'là les Saint-Martin qui s'aboulent !

Dans la ville, chacun dénommait les retraités de ce nom générique depuis la lointaine année où ils s'étaient réunis en société pour s'entr'aider charitablement les uns les autres et où ils avaient pris pour patron saint Martin, le guerrier nimbé d'une gloire d'or qui se cambre sur les lumineux vitraux des cathédrales, taillant du glaive son manteau d'outremer pour le donner à un mendiant haillonneux qui tend la main.

Ils tenaient des séances. Ils avaient un président, du papier écussonné de trophées d'armes, sur lequel était imprimé en larges lettres : *Société de Saint-Martin.*

On eût dit d'une famille nouvelle étroitement unie, vivant dans le passé et ne songeant qu'à s'endormir en paix quand l'heure du dernier voyage tinterait funèbrement.

Les principaux articles de leurs statuts ne parlaient que de cela.

— *Tous les membres*, disaient-ils, *seront enterrés aux frais de la Société de Saint-Martin.*

— *Le président ou un membre désigné à son défaut lira les états de service du défunt sur sa tombe.*

— *Les tombes seront entretenues par les soins de la Société.*

Ainsi de suite jusqu'à la fin.

Les Saint-Martin ne se quittaient pas. Il semblait qu'une claironnée inoubliable réglât méthodiquement chacun de leurs actes : la promenade de neuf heures au marché, l'absinthe qu'ils mélangeaient avec une volupté lente, au café militaire, en lisant leur journal, et les interminables stations au soleil, devant les soldats qui faisaient l'exercice. Et, d'année en année, les rangs s'éclaircissaient. Les Saint-Martin manquaient à l'appel et ne retournaient plus sous les platanes du Mail. Ils mouraient de ce mal d'ennui, de ce désœuvrement inaccoutumé qui décompose fatalement les vieux travailleurs condamnés au repos.

Les croque-morts venaient épingler sur une bière modeste l'uniforme démodé et les décorations du retraité, et le corbillard partait, cahotant, grinçant de tous ses ressorts rouillés.

Quels enterrements ! Trois ou quatre parents inconnus qui suivaient distraitement, des officiers commandés, regardant vers les fenêtres entr'ouvertes. A droite et à gauche du corbillard, des soldats portant l'arme d'un mouvement lassé, traînaillant leurs godillots. Puis les uns tenant les cordons du poêle, les autres clopinant derrière le cortège, toute la ribambelle des Saint-Martin, graves, silencieux, se voûtant comme si la terre les attirait. Les Saint-Martin, habillés de noir, le crêpe au chapeau, mordillant leurs moustaches blanches pour ne pas pleurer et se demandant quand ce serait leur tour !

Et là-haut au cimetière — les « requiescat in pace » psalmodiés, — le président, s'avançant jusqu'à la fosse béante, lisait les états de services du mort. Il commençait d'un ton ferme, cassant, militaire, et peu à peu la voix s'affaiblissait, les phrases s'étranglaient en des sanglots bruyants. Il ne pouvait terminer la lecture de son papier et, la tête basse, les Saint-Martin redescendaient dans la ville sans avoir prononcé l'adieu traditionnel.

L'autre mois, j'ai voulu revoir le Mail planté de platanes et les bancs de pierre où mon nom est entrelacé parmi tant d'autres qui furent bien aimés ! Le lieu n'avait point changé, et sous le soleil qui brûlait les feuilles, la longue allée semblait la nappe lumineuse d'un étang assoupi. Les troupiers faisaient l'exercice à la même heure qu'autrefois, et les Saint-Martin allaient, venaient, s'arrêtaient, gesticulaient, devant les rangs immobiles. Mais ce n'étaient plus les bons vieux retraités que j'avais suivis tant de fois. Les morts vont vite ! Tous sommeillent là-haut dans l'ombre noire des cyprès .

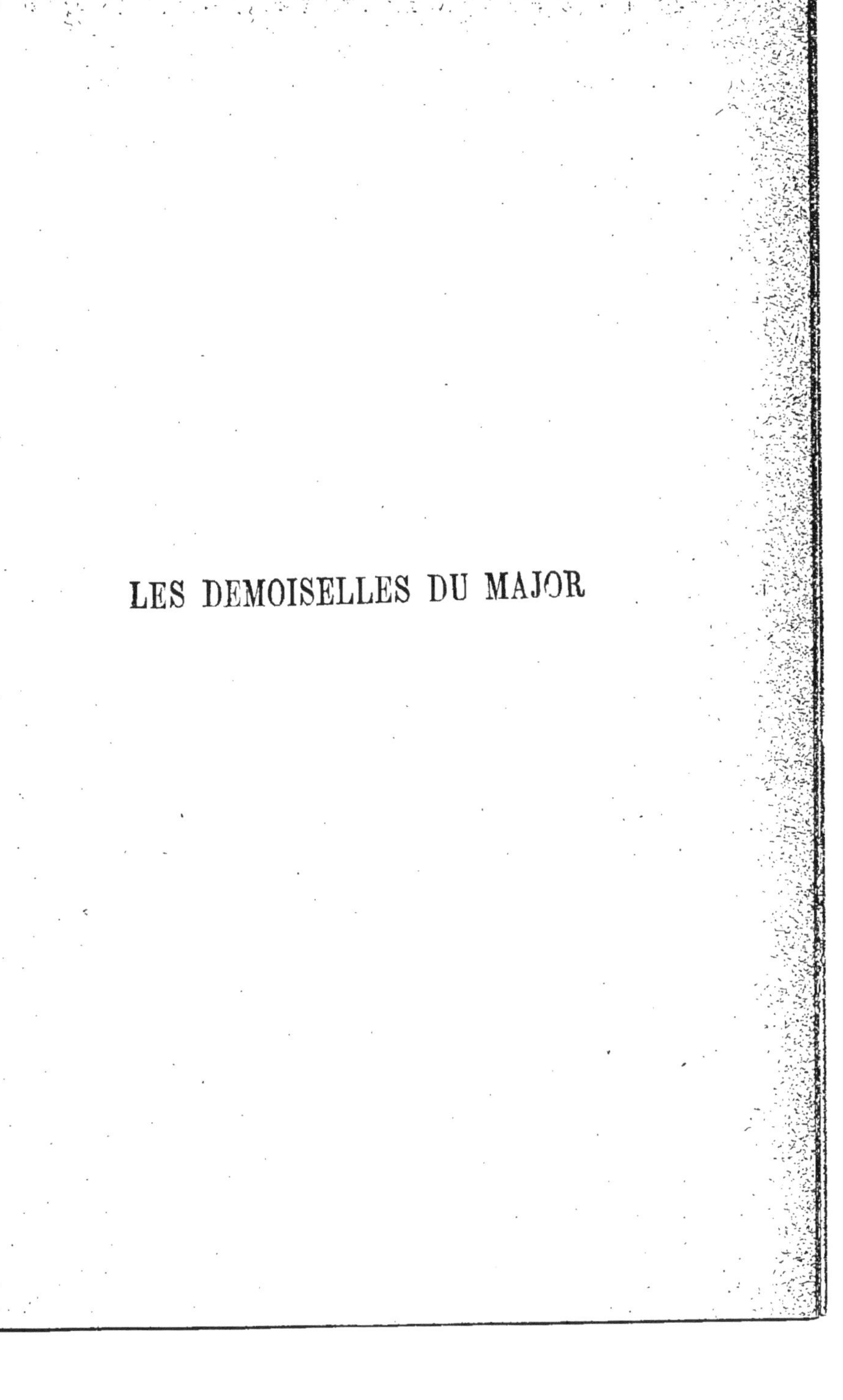

LES DEMOISELLES DU MAJOR

LES DEMOISELLES DU MAJOR

— Cependant, mon colonel...

— Allons donc, Monsieur Triadol ! c'est toujours la même antienne... L'inspection générale approche et vous ne vous occupez de rien... Vous ne vérifiez pas une seule paperasse... La comptabilité du régiment est ridiculement tenue. Que diable ! on fait son service ou on s'en va !... Je ne connais que ça, moi !

Et le colonel continuait sa semonce exaspérée, dans la vaste cour de la caserne où les sergents-majors attendaient l'heure du rapport. Il s'arrêtait, croisait les bras, heurtait de machinales poussées les pierrailles éparses sur le sol craquelé par l'accablante chaleur de juillet, marchait d'une traînante allure de flânerie, scandait les paroles de gestes saccadés. Le pauvre major Triadol l'écoutait tranquillement, balbutiait des bouts de phrases banales, ne trouvant rien à répondre dans sa gorge desséchée. Il n'osait essuyer les larges gouttes de sueur qui coulaient le long de ses joues pâteuses. Derrière eux, leurs ombres dansaient comiquement une sarabande drôle, arrondissant encore la silhouette paisible et les contours alourdis du major, caricaturant la mimique rageuse du colonel en un sautillement de marionnette mécanique. Et, tandis que l'autre s'égosillait et se dehanchait, Triadol, très calme, regardait à la dérobée le cadran morne de l'horloge. Il pensait à sa petite maison du faubourg Sainte-Croix, avec son jardin plein de tournesols en fleurs, et la rivière qui frissonnait tout près, derrière les arbres, figée dans une paresse heureuse, rayée de chalands comme un canal de vieille ville flamande. Il se voyait, les pieds dans ses pantoufles, débraillé, la tunique déboutonnée, feuilletant ses chers bouquins, noircissant des cahiers de savantes équations, d'épures informes qu'il recommençait ainsi qu'un écolier. Qu'on était bien là ! Les persiennes entrecloses répandaient à travers la chambre un demi-jour blond : — une lumière de convalescent d'une douceur endormante. Des bouffées de vent imprégnaient l'atmosphère chaude de toute la fraîcheur des eaux effleurées, de l'odeur des herbes qui flambaient sous le ciel embrasé. Il entendait ses filles qui étudiaient au piano une sonate à quatre mains. Ne pouvait-on pas le laisser vivre en paix et donner des signatures sans contrôle ? Et depuis les années qu'il usait son corps à toutes les besognes commandées, n'avait-il pas le droit de prendre enfin quelque repos ?

Aussi, chaque matin, avant le rapport, la même scène recommençait, comme ces invariables farces de Guignol, où Polichinelle bâtonne le commissaire. Et les soldats disaient à mi-voix :

— V'là la foire d'empoigne qui repique ! Le gros père n'est rien à la noce !

Le major Triadol n'avait plus en effet qu'une ambition au cœur, qu'un désir immense, douloureux, dont l'irréalisation le torturait péniblement. Il chérissait ses deux filles d'une adoration infiniment bonne. Elles étaient tout pour lui. Elles lui apparaissaient belles à miracle, ces jumelles pareillement laides, avec leurs yeux de porcelaine incolore, leurs bandeaux fades collés au front comme des étoupes mouillées, leur nez long, leurs lèvres flasques, sans dessin, qui semblaient mortes et closes aux baisers d'amour, et leurs formes anguleuses telles que les tiges minces des plantes hâtivement poussées dans l'ombre. Il eût consenti à casser des cailloux sur les grandes routes afin qu'elles fussent heureuses. Il ne souhaitait qu'une chose : — les marier à d'honnêtes gens qui les aimeraient et le remplaceraient. Mais la mère était morte sans laisser un sou. Il ne possédait que ses appointements de commandant. Et, bien qu'il se privât des moindres distractions, qu'il ne mît jamais les pieds au café, et qu'il eût même cessé de fumer, les économies mensuelles n'étaient pas lourdes. La dot des demoiselles Triadol restait dérisoire et n'atteignait seulement pas le maigre chiffre des dots règlementaires que l'État exige dans les mariages d'officiers. Alors, le père, tourmenté par son idée fixe, désolé de voir les années s'ajouter inflexiblement aux années, avait, comme tant d'autres déshérités, qui cherchent âprement la pierre philosophale, rêvé une invention merveilleuse qui l'enrichirait, qui lui permettrait de donner à ses chères enfants des poignées d'or. Il se remit aux études oubliées avec une frénésie maladive. Il veillait des nuits entières, compulsant les algèbres et la mécanique, copiant les machines, comparant les forces utilisées, absorbé par les découvertes fabuleuses d'Edison. Il verrouillait sa porte pour ne pas être dérangé par les plantons. Les secrétaires signaient les paperasses administratives. Ils dépouillaient la correspondance. Ils répondaient aux lettres et rédigeaient les rapports. Le major poursuivait, sans se décourager, l'œuvre qu'il avait entreprise. Il rayonnait, croyant enfin avoir gagné sa difficile partie. Il avait commencé les plans d'une énorme machine agricole, une *laboureuse*, à vapeur, qui, par un système ingénieux, pouvait être transformée, le temps des moissons venu, en *batteuse*. Il songeait à acheter un brevet. Et, pendant les repas, il expliquait son idée à ses filles, il leur communiquait sa belle confiance, sa joie revenue et toutes ses imaginations enthousiastes.

— Vous verrez, vous verrez, radotait-il. Nous allons être riches, très riches, mes bonnes chéries. Vous épouserez des Crésus. Les prétendants feront queue à notre porte !

Et, les coudes sur la table, il arrangeait son existence

future, comme si toutes les fermes de Beauce avaient acquis la fameuse machine agricole. Il achèterait la maison, il agrandirait les pièces pour y recevoir les deux ménages et la ribambelle de petits qui s'augmenterait chaque année. Le jardin serait planté à sa guise. Un jet d'eau et des rocailles au milieu, et des espaliers d'abricots accrochés aux murs. Il retournait faire sa partie de jacquet au café, comme autrefois. Et il reprenait, la figure éclairée d'un sourire bonhomme :

— Quand nous aurons le sac, et ça ne tardera pas, Mesdemoiselles... Mais les essais que Triadol tentait avortaient piteusement. Les difficultés augmentaient. Il ne parvenait pas à construire sa machine. Les plans demeuraient incomplets, inutiles. Et il se serrait encore la courroie, afin que ses deux filles eussent de jolies robes, des chapeaux à la mode, des gants à cinq boutons pour aller au bal ; qu'à la musique, les dimanches, sur le cours, leurs toilettes fussent remarquées. Elles avaient une maîtresse de piano. Elles étaient abonnées à un journal de modes. Lui, se refusait tout. Il était chaussé de bottes éculées, trouées aux semelles comme des savates de pauvre. Son unique paire d'épaulettes semblait avoir été décrochée à l'enseigne d'un fripier. Ses pantalons étaient rapiécés. Ses tuniques râpées luisaient de reflets sales. Cependant il ne se plaignait jamais. Il se dévouait simplement, ne voyant pas d'autre but dans sa vie monotone. Puis une année, ses notes d'inspection furent tellement mauvaises, sa comptabilité fourmilla de tant d'erreurs, que, sans bonjour ni bonsoir, d'un trait de plume, on le mit à la retraite d'office. Il supplia vainement. On le renvoya sans pitié à ses inventions. Et, sentant son énergie décroître, ses vaillants espoirs s'éteindre, Triadol lutta de plus belle. Il dépensa ses forces et son intelligence dans ce combat farouche où il ne pouvait arracher à la science ses mystérieux secrets. Il ne voulait pas se résigner à reconnaître son impuissance, à laisser s'écrouler son rêve consolateur. La douleur creusait sa plaie profonde dans son corps. Les mois qui s'effaçaient au calendrier redoublaient ses angoisses. Maintenant, il voyait la laideur de ses deux filles. Il pressentait l'avenir, au jour où, brutalement, la mort le coucherait entre quatre planches de sapin. Qu'allaient-elles devenir, laides, sans dot, habituées à ce faux luxe bourgeois qui fêle les cervelles? Elles se plaignaient du matin au soir. Elles étaient revêches, injustes, déjà maniaques. Elles accablaient de reproches le malheureux. Et, brisé, ne croyant plus à rien, lassé de la science, des illusions menteuses, des affections vaines, Triadol s'engourdit peu à peu comme en un sommeil d'enfance. Il ne reconnaissait personne. Il ne se levait plus de son fauteuil, immobile, les yeux écarquillés, les traits attentifs, comme s'il eût gardé dans sa cervelle éteinte la furtive et dernière lueur d'un rêve envolé.

Les deux demoiselles trônent maintenant au comptoir du café militaire, avec des roses artificielles au corsage et une pointe de fard aux joues. Et, lorsque leurs regards se posent sur les jeunes sous-lieutenants qui emplissent la salle d'une tapageuse gaieté, on dirait des mendiantes qui, devant une vitrine de pâtissier, reluquent avidement les gâteaux dorés où leurs dents blanches mordraient d'un si large appétit.

I

JEAN-LA-BOTTE

C'était un petit tambour du cinquante-troisième.

Il avait deux chevrons cousus à la manche râpée de sa capote, la face effrontée d'un gavroche vicieux, la moustache taillée militairement, et, sous ses paupières à peine fendues, un regard insouciant qui semblait se moquer de tout.

Il se nommait Jean-Martin, et les camarades l'avaient railleusement baptisé Jean-la-Botte. Il était en effet petit, petit, et l'on eût dit d'un insecte rouge, lorsque, dans la large cour poussiéreuse, aux revues des dimanches, le tambour-major le dominait de son torse énorme en passant l'inspection des tapins.

— On ne grandit donc pas, dans ta famille? disait-il, avec un gros rire jovial qui secouait les boutons de sa tunique.

— Probable, major, répondait tranquillement Jean-la-Botte.

Au régiment, il n'avait pas son pareil pour raboter les ra fla fla du répertoire. Sous le heurtement fougueux de ses baguettes, la peau d'âne des tambours rendait comme une musique entraînante. Et les roulements monotones sonnaient tantôt pareils à des clameurs rauques d'altiers défis, tantôt adoucis et berceurs, ainsi que la plainte vagissante d'un enfant endormi. Il s'emportait. Il se grisait du tumulte clair de sa caisse.

Et, dans la ville, toutes les fenêtres s'ouvraient, toutes les servantes accouraient au seuil des portes, attirées par les rappels sonores de Jean-la-Botte, le matin, à l'heure calme où la troisième du deux revenait du champ de manœuvres. Les filles le connaissaient, et, souriantes, elles lui jetaient du bout des lèvres le familier bonjour de bienvenue; mais le tapin ne détournait même pas la tête, et, se déhanchant en des enjambées démesurées, le corps balancé par le rhythme, sans interrompre un instant ses roulements, il battait jusqu'à la porte de la caserne.

II

Personne ne savait trop d'où il sortait. Pendant la guerre, il s'était engagé dans un bataillon de marche. Son livret portait brutalement : « *Père et mère inconnus.* » Puis, à la profession : « *Saltimbanque,* » et au lieu de naissance : « *Rû-Minervois* (*Aude*). »

Souvent, dans sa chambrée, après l'extinction des feux, tandis que les troupiers rangés en rond autour d'une table pelaient les pommes de terre du rata, Jean-la-Botte commençait des boniments d'une cocasserie tintamarresque, et, scandant ses quolibets de gestes canailles, il contait son histoire au temps où il avait été clown dans un cirque de foire. Et, aux bals publics, il effarait les bourgeois stupéfiés par des pirouettes vertigineuses, qui le lançaient comme une balle vers les lanternes vénitiennes suspendues au plafond.

Jean-la-Botte allait terminer son deuxième congé, — comme on dit dans les régiments, — quand un jeudi, à l'appel de onze heures, les sergents de semaine lurent la note laconique qui annonçait la suppression définitive des tambours.

« *Par décision ministérielle du* **24** *courant,* disait le papier, *les tambours rentreront dans le rang après les grandes manœuvres; les élèves-tambours cesseront donc désormais d'aller à l'école, et les caisses seront versées aux magasins.* »

— Pétard de sort! grogna Jean-la-Botte. C'est du propre, alors! Qu'est-ce qui-z-y dissipera leurs rassemblements, maintenant; qu'est-ce qui-z-y battra aux champs et tout le tremblement.

Les autres ne parvinrent pas à le consoler. Il aimait son tambour comme un être vivant. Quelque chose de lui se brisait à penser qu'ils seraient séparés pour toujours. Et il se réveillait pendant la nuit pour l'étreindre entre ses bras, l'astiquer éperdûment. Il marmottait des paroles sans suite, incohérentes, émues, en frottant les flancs de la caisse déteinte.

— Pauvre vieille! répétait-il. Pauvre vieille!

Il maigrissait. Il ne buvait plus, torturé par cette pensée douloureuse.

Il semblait assister à l'agonie lente d'un malade très aimé, auquel on ne se sent pas la force et le courage de dire adieu pour la dernière fois.

Le jour du versement, d'un farouche coup de baguette, il creva les peaux d'âne. Et, renonçant à servir, désespéré, l'âme enfiellée de tourments cruels, il quitta le régiment.

III

Il essaya de tous les métiers. La nostalgie de ses tambourinades anciennes le poursuivait perpétuellement. Et bientôt, il endossa à nouveau sa grotesque défroque de clown dans une troupe errante de cirque qui courait les villes et les bourgades, à la recherche des gros sous.

Jean-la-Botte avait inventé un tour étonnant, qui s'appelait sur l'affiche en grandes lettres rouges : « LA BATAILLE DE MARENGO. »

Costumé en tambour de la garde consulaire, avec les hautes guêtres noires, l'habit à la française, le bicorne campé de travers sur une perruque poudrée, il marchait le long d'une corde tendue à trois mètres du sol. Et, s'arrêtant, allant et venant, il imitait sur un tambour d'abord le prélude grave, les lointains murmures du combat qui se prépare, puis l'ébranlement des troupes, les marches différentes des régiments s'entre-croisant, se répondant ; la fusillade éclatant à coups secs, hachée, grinçante, coupée par les lourds et sinistres grondements du canon ; enfin, la charge, dominant tous les bruits de la bataille de sa cadence endiablée, ruant les soldats pêle-mêle à la baïonnette.

Jean-la-Botte mêlait tout cela dans son étrange symphonie, et les spectateurs, remués, trépignaient, l'acclamaient de bravos et d'applaudissements bruyants, tandis que peu à peu s'éteignaient les vibrations suprêmes de la retraite.

Lorsque son directeur le complimentait de son talent, le tapin répondait invariablement, la poitrine soulevée par d'âpres soupirs :

— Tout ça, c'est de la blague ! et ça ne vaudra jamais le bon temps, où l'on faisait marcher la compagnie derrière ses talons, une deux, une deux, comme un seul homme !...

Et, un jour, où il avait exécuté des variations inconnues sur son instrument, où sa fantaisie s'était égarée en des rhythmes délirants, Jean-la-Botte chancela brusquement sur la corde raide, comme un vieux grisé de vin doux, et, étant tombé en arrière, se cassa les reins...

LE VIATIQUE VERT

— ..... Parbleu, interrompit brusquement le lieutenant Flammerens en ramenant ses cheveux sur les tempes d'un geste machinal, puisqu'il fait un temps à ne pas mettre sa belle-mère dehors, et que vos éternelles histoires de femmes sont aussi guitares qu'un sermon d'académicien sur les prix de vertu, je vais vous raconter comment trépassa, à Bayonne, un soir d'août, ce pauvre commandant Monistrol, dont vous citiez — tout à l'heure — je ne sais quelle étonnante badernerie...

— Eh! va donc, croquemort! fit Motebart, la main collée aux lèvres comme pour étouffer un bâillement d'ennui.

— Merci, cher! dit Flammerens avec une politesse parfaite; et s'étant accoudé sur la table de marbre toute luisante des coups de torchon, il reprit de sa voix traînante :

— Vous vous rappelez bien le bonhomme ? cette face placide, enluminée de plaques rouges — comme les vieilles enseignes de brasserie qui représentent le roi Gambrinus ; — ces longues jambes de faucheux et ce ventre jouisseur qui s'arrondissait entre les pans flottants de la tunique déboutonnée. Combien de fois nous l'avons caricaturé, tandis qu'il faisait son quatrième aux dominos, immobile, le front plissé, hésitant très longtemps à chaque coup, gardant aux lèvres un sourire bonasse — le sourire figé d'un aveugle qui, depuis trente ans, joue toujours sur sa clarinette la même ritournelle au même coin de pont ; — et, si heureux quand il pouvait crier : « Domino ! » en lançant son dernier dé sur la ribambelle alignée devant lui...

Le commandant était atteint de deux manies inguérissables qui tourmentaient sa vie de leur jumelle morsure, et l'avaient empêché de jamais connaître les angoisses et les béatitudes du mal d'aimer.

Il adorait les fleurs avec une sorte de culte dévotieux et les admirations extasiées d'un gros bourgeois de Haarlem penché sur ses tulipes. Puis il avait la folie de l'absinthe, de l'inexorable liqueur d'abrutissement dont l'âcre saveur pouvait seule étancher ses soifs enragées.

Il en avalait du matin au soir, machinalement, s'attachant à mélanger goutte à goutte chaque perroquet, lampant d'un trait des verres pleins jusqu'aux bords, après lesquels il faisait claquer gourmandement sa langue, comme s'il venait de boire un vin très vieux.

Les jours d'exercice, il arrivait à la caserne avant les sonneries de la diane, et il allait secouer vigoureusement les volets clos de la cantine endormie. C'était là, dans les teintes blêmes de l'aube, sur des tables maculées encore de flaques vineuses, de ronds violâtres tracés par les bouteilles et de caillots graisseux, au milieu des exhalaisons lourdes qui montaient du carrelage sale et du comptoir — que le commandant Monistrol sirotait sa « première ». Derrière lui, accoté au mur, dans le débraillement du brusque réveil, tenant le flacon aux reflets glauques contre son tricot, le cantinier attendait ses quatre sous, et, pendant ce temps, les clairons déchiraient le silence de leurs appels clairs, les fenêtres des chambrées s'ouvraient bruyamment, la caserne bourdonnait comme une ruche inquiète, et l'on entendait dans la cour l'égouttement sonore de la pompe autour de laquelle les troupiers se débarbouillaient.

L'exercice fini, le commandant courait au café. Il était à peine neuf heures. Les garçons balayaient la sciure de bois épandue sur le plancher. Les chaises étaient empilées au-dessus des tables, et, au milieu du billard couvert de sa housse, il y avait un tas de journaux jetés pêle-mêle et dont la bande n'était pas encore déchirée.

Monistrol s'asseyait dans un coin du café désert, son

coin accoutumé, au fond de la salle. Les autres consommateurs respectaient toujours sa place, et, lorsque quelque nouveau venu voulait prendre la place du commandant, la dame du comptoir heurtait son timbre, et tous les garçons se précipitaient pour lui dire : « On ne s'asseoit pas là. C'est la place de Monsieur Monistrol ! »

Le logis du commandant ressemblait à une serre d'horticulteur. Les pots de fleurs pressés les uns contre les autres étendaient à travers les chambres comme des tapis de verdure fausse. Le marbre des cheminées disparaissait sous des écroulements de feuilles élégantes. Les plantes s'étageaient sur des gradins de bois cloués aux murs. Les balustres des fenêtres étaient couvertes de caisses peintes en vert pomme, d'où débordait un fouillis de floraisons hâtives. Et des envolées de papillons blancs chassés par la brise marine semaient là-dessus une continuelle palpitation de vie, une adorable tendresse d'amours furtives. Dans le salon, dans les chambres, coulaient des parfums musqués qui grisaient comme une musique sensuelle. Et parmi les palmes dentelées des dattiers, les larges feuilles des bananiers, les daturas aux fleurs blanches qui penchent comme des cloches d'ivoire, les arahlias, les bégonias aux colorations de laque rose, les orchidées étranges, les géraniums d'un rouge aveuglant et les roses thé dont les pétales semblent des lèvres désirantes, on se serait cru égaré dans quelque silencieuse clairière de forêt.

L'existence de Monistrol se partageait entre ces deux passions. Les heures où il n'était pas au café devant un verre d'absinthe, on était certain de le trouver au milieu de ses pots, les manches retroussées jusqu'aux coudes, les doigts et les ongles noirs de terreau, suant, soufflant, arrosant de ci, émondant de là, consultant de gros in-folio de botanique, et ne répondant pas si, d'aventure, les importuns sonnaient à sa porte. Il se réveillait, parfois, la nuit, pour déplacer un oignon de jacinthe, pour entr'ouvrir une fenêtre, pour regarder le thermomètre. Et il se sentait au cœur une jouissance profonde quand quelque fleur introuvable s'épanouissait dans sa collection.

Mais, brusquement, il ne put se lever de son lit. Ses jambes étaient comme paralysées. Ses dents claquaient. Il frissonnait horriblement, les yeux éteints, la cervelle tourbillonnante comme une girouette secouée par une âpre ventée de tempête. Les médecins le soignèrent sans comprendre sa maladie. Ils écrivirent beaucoup d'ordonnances très savantes, firent des gestes navrés, essuyèrent leurs lunettes, se consultèrent entre eux. Et pendant ces diagnostics lamentables, la maladie empira. Les remèdes les plus violents n'avaient aucune puissance sur cette carcasse détraquée, usée par la brûlure malsaine des alcools. Le malade s'éteignait peu à peu, comme une vieille chandelle dont la mèche est finie. Il s'éteignait paisiblement, sans souffrances, dans un engourdissement de tout son être qui l'empêchait d'entrevoir la vision cruelle du grand trou noir dont on ne revient pas.

Et les plantes oubliées se desséchaient, se mouraient aussi dans une agonie lente, perdant leur verdeur superbe, pendant sur leurs tiges jaunies comme des panaches lassés. Les bouquins de botanique étaient ouverts à la même page. Les papillons ne planaient plus sur les floraisons décolorées et flétries. Il ne demeurait dans le logis, de l'âme familière des fleurs, qu'un vague relent presque plus embaumé, pareil à ces odeurs légères qui s'évaporent d'un vieux sachet jeté depuis des siècles au fond d'un tiroir.

Chaque matin, le cantinier attendait vainement le coup de poing vigoureux qui heurtait ses volets avant la diane. Les garçons de café avaient une oppressante inquiétude dans la voix, lorsqu'ils répétaient selon leur vieille habitude : « On ne s'asseoit pas là. C'est le coin du commandant Monistrol ! » Bientôt, ils oublièrent de dire la phrase coutumière et les consommateurs s'assirent à la table défendue. Les parties de dominos languissaient et l'on ne pouvait demander son absinthe sans songer au pauvre diable qui ne buvait plus rien depuis tant de semaines...

Cependant, un soir, la figure livide du malade s'éclaira de lueurs vitales. On eût dit qu'il ressuscitait enfin, qu'il était guéri. Ses bras amaigris s'agitèrent sur le drap blanc. Ses paupières brillaient. Il parlait, il souriait à ceux qui entouraient son lit.

Le médecin-major fronça les sourcils et, brutalement, il bougonna entre ses dents :

— Foutu ! cette fois, c'est là dernière risette !...

Monistrol s'était dressé à demi, soutenu par un amoncellement d'oreillers. Il fit ouvrir les fenêtres. Le soleil déclinait, incendiant les vitres de clartés ardentes. Des cigales bruissaient dans les amandiers d'un jardin. Toute la paix du crépuscule, le silence du ciel presque éteint que ne rayaient même plus des traînées errantes d'oiseaux, la puissante effragrance des pins que les flambaisons du plein soleil avaient implacablement brûlés dès l'aube, la senteur amère du large que la marée nouvelle apportait, cette immense douceur du jour fini, entraient comme une bénédiction dans la chambre étroite. La pendule sonna la demie de six heures.

Alors, le commandant eut un frémissement impatient qui passa sur sa bouche entr'ouverte, ses narines se dilatèrent éperdûment, comme s'il eût respiré une odeur bien-aimée...

— Voici l'heure de l'absinthe, s'écria-t-il. Et, puisqu'on est guéri, on peut bien reprendre ses petites habitudes. Pas vrai, docteur ?

On lui apporta un verre, et il le fit remplir aux trois quarts de la liqueur verte.

— Un peu plus encore ! recommandait-il. Puisque je suis guéri...

Il voulait mêler son absinthe lui-même. Sa main tremblotante se crispait autour du goulot de la carafe.

et, une à une, les gouttes d'eau tombaient dans le verre, creusant des sillons jaunâtres, décomposant la couleur épaisse de l'absinthe. On eût dit qu'il se mirait voluptueusement au fond. Ses lèvres se tendaient avec une impatience enfantine.

Et, comme si la mise en scène de ce cinquième acte n'eût pas été assez complète, tandis que le verre s'emplissait, une petite fille qui tapotait sur un piano, au second étage, commença à déchiffrer très lentement la mélancolique ballade du *Roi de Thulé*. Les notes se suivaient incertaines, balbutiantes, répétant avec une véritable obsession le passage douloureux de ce lied monotone :

> Quand il sentit venir la mort,
> Etendu sur sa froide couche,
> Pour la porter jusqu'à sa bouche,
> Sa main fit un suprême effort.

L'absinthe était faite ; mais, épuisé par ses violents efforts, Monistrol retomba avant d'avoir eu la consolation suprême d'y tremper les lèvres. Le liquide se répandit sur les draps, étendant une large tache poisseuse. Le commandant ne bougeait plus...

— Demandez le chant du Perroquet, complainte en trois couplets, paroles et musique de M. Flamarens ! conclut Motebart d'un ton railleur ; et, heurtant de sa canne le marbre de la table, il cria : « Garçon, deux absinthes ! »

I

LA DERNIÈRE REVUE

... Lorsque brutalement était arrivée cette inexorable échéance de la retraite qui renvoie du régiment, comme des rosses fourbues, les vieux usés par le labeur machinal et l'obéissance passive de la vie militaire, Pierre Montal, le porte-étendard du 2ᵉ cuirassiers, sentit comme une blessure cruelle qui s'élargissait en son cœur. On eût dit d'une pendule détraquée qui râlait ses suprêmes sonneries et dont le balancier peu à peu s'arrêtait.

Il y avait si longtemps que le pauvre homme lisait le même chapitre sans se lasser jamais d'en apprendre les phrases monotones et bêtes ! Et voici que tout cela changeait, qu'il fallait accrocher à un clou sa tunique galonnée, laisser la rouille mordre sa grande latte batailleuse, oublier l'autrefois, ne plus être rien qu'un « pékin » vulgaire et bourgeois, tel qu'il en coudoyait sur les trottoirs. Il ne pouvait se consoler, prendre philosophiquement son parti comme la plupart des camarades. Il pleura comme un enfant en écoutant les quatres lignes banales d'adieu que le colonel avait dictées dans l'ordre du régiment. Il lui semblait entendre la formule triste des faire-part mortuaires. N'enterrait-il pas, en effet, ses joies, son orgueil, son culte, ce qu'il aimait, ce qui le soutenait depuis trente ans?

Mais ce n'étaient pas les amitiés cordiales des uns et des autres ; ce n'étaient pas les joyeuses réceptions, les rigolades de garnison ; ce n'étaient pas ses chères manies ni son train-train coutumier, ni le quartier où les hennissements des chevaux se mêlent aux fanfares des trompettes, ce n'était même pas l'aventureuse existence des temps de guerre que Pierre Montal regrettait le plus.

C'était le drapeau, la loque tricolore trouée, effiloquée, déteinte, qu'il avait tenue dans ses mains crispées si souvent, tandis que les cuirassiers chargeaient, que les balles chantaient leur sifflante musique ; le drapeau qu'on avait décoré, un lendemain de bataille, comme un audacieux soldat.

Il l'aimait aussi éperdûment qu'un amoureux de vingt ans adore une maîtresse blonde. Il triomphait, il se transfigurait, le visage éclairé d'une superbe infinie, quand, aux revues, aux étapes, il le possédait, il le contemplait, il l'élevait au-dessus des escadrons tumultueux. Et il eût consenti à mendier, à crever de faim dans un taudis de pauvre, à donner toute sa pension de retraite, toutes ses maigres économies d'officier, pour avoir le droit de l'emporter, de le garder jalousement comme une relique, de ne pas le voir dans les mains insoucieuses d'un autre.

II

Il ne quitta pas la garnison.

Il continuait à manger au mess. Les garçons du café préparaient sa demi-tasse et sa topette d'eau-de-vie dans le coin des officiers, et il fumait comme auparavant sa pipe en jouant les consommations au bésigue, en cinq mille liés, avec le lieutenant d'habillement. Dans les rues, les soldats, par l'habitude, continuaient à le saluer.

Il venait au quartier, parlottant avec les sous-officiers, donnant des conseils, feuilletant le cahier des décisions, complimentant les nouveaux promus. Il entrait dans les cantines. Sa redingote méticuleusement brossée, coupée comme une tunique militaire, tranchait sur les uniformes des cuirassiers. Chacun l'appelait respectueusement : « Mon lieutenant. » Et il s'imaginait parfois être encore quelque chose, et qu'on ne l'avait pas rayé des contrôles.

Hélas ! les illusions heureuses s'envolaient bientôt, et toutes les peines, toutes les nostalgies le tourmentaient plus douloureusement, surtout les matins de revue, où, poussé par une force inéluctable, il venait voir chercher le drapeau, chez le colonel.

Le malheureux, il demeurait là, planté devant la porte ouverte, haletant, désespéré. Il s'emplissait les oreilles de l'aubade accoutumée qui salue le drapeau. Il caressait de ses regards attendris les lambeaux de soie que le vent secouait dans l'air. Et, pendant que les officiers, les soldats présentaient leur latte nue, que les trompettes éclataient en accords stridents, que le porte-étendard soulevait l'aigle dorée comme un ostensoir, il se découvrait pieusement jusqu'à terre. Il s'inclinait, tête nue, rêvant des mêlées anciennes, secoué dans tout son corps par un tragique frisson de gloire, attendant que le peloton d'honneur eût disparu au loin...

III

Le temps ne cicatrisa pas la blessure. Pierre Montal souffrait comme au premier jour. Il vieillissait. Il radotait et s'enfermait des semaines entières dans sa chambre garnie.

Il ne flânait plus dans les corridors du quartier. Presque tous les anciens étaient partis, et il ne reconnaissait personne. Au café, sa partie l'ennuyait. Il n'aimait rien. Un dégoût profond envahissait son âme malade Et un dimanche, sans prévenir aucun camarade, il endossa son vieil uniforme, sa cuirasse et ses épaulettes. Le drap était un peu fripé, troué par les mites en maints endroits. La cuirasse ne luisait plus comme un miroir d'argent. Elle pesait lourdement à ses épaules cassées. En marchant, il s'embarrassait dans sa latte démesurée. Et casqué, ganté, les moustaches cirées, le buste redressé, cahin-caha, il arriva chez le colonel, sur le coup de huit heures.

Le colonel le crut fou.

Alors, Montal lui dit son amère souffrance, sa désolation depuis qu'il était retraité. Il ne souhaitait qu'une chose avant de mourir, et ce serait son viatique, sa joie consolante, la vision douce qui aide à fermer les yeux sans désespoir : porter encore une fois le drapeau, défiler avec le régiment comme jadis.

Il parlait d'une voix enthousiaste, avec des gestes magnifiques, ces grands gestes qui ont l'ampleur d'un coup d'aile formidable. Les mots vibraient sur ses lèvres comme des appels de cuivres. Et dans son uniforme râpé, dans sa ferraille rouillée, il ressemblait à quelque revenant des légendes épiques. L'affolement sublime du désir donnait des contours de statue à ce bonhomme quinquagénaire, éreinté, abruti par le service.

Le colonel permit tout.

Pierre Montal porta le drapeau. Il vit, comme autrefois, toutes les lattes s'abaisser devant les loques bien-aimées. Et, au milieu du défilé, assommé comme par un coup de poing tragique, il roula massivement sous son cheval.

La mort clémente le sauvait du réveil !

I

LA FAUTE DU PETIT

... Les lueurs crasseuses d'un jour blême, comme figées dans les petits rideaux de cotonnade pendus aux fenêtres, flottaient sous le plafond bas de la cantine. Les images d'Epinal qui tachaient le plâtre des murs, — ces tableaux enluminés de criardes couleurs où deux prévôts d'escrime se campent en une pose raide devant des dames à crinolines et des généraux souriants, et qu'encadre la classique devise : « *Respect aux Dames, Honneur aux Armes ;* » — un almanach illustré de vignettes sentimentales, les placards règlementaires, les affiches dorées de liquoristes, s'éclairaient lentement. Les bandes d'ombre qui traînaient dans les coins, qui frissonnaient derrière les armoires, semblaient peu à peu balayées. Les serins réveillés se répondaient d'une cage à l'autre.

Un garçon débraillé, relevant par instants son pantalon rouge taché de gouttes d'eau, lavait la toile cirée gluante des tables, essuyait les bancs d'un geste machinal. Malgré les rafraîchissantes bouffées d'air qui s'épandaient par la porte ouverte, la puanteur fade du plancher mouillé, du vin renversé, des plats refroidis, de la fumée des pipes conservée toute la nuit dans une chambre close, toutes ces odeurs lourdes de cabaret ne s'évaporaient pas.

Et, brusquement, tandis que les clairons sonnaient au dehors l'appel de l'exercice, courant, criant, se bousculant, les troupiers envahissaient la cantine. Les verres se choquaient. Les jurements retentissaient. Les glouglous des bouteilles fredonnaient leur vineuse chanson. On criait. On engueulait le garçon ahuri, maladroit, ne sachant à qui répondre. Les gros sous tombaient sur la table avec des tintements métalliques.

Mais, au fond de la salle, assise à son comptoir, la grosse maman Boudille paraissait ne rien entendre. Des lunettes posées sur le nez, attentive, sérieuse, penchée vers une chandelle dont la clarté jaune dansait parmi les litres et les verreries rangés symétriquement, elle feuilletait une grammaire d'écolier à la reliure recouverte d'un vieux journal, aux marges froissées et papillotées. Et, épelant les mots latins sans en comprendre le sens, se fâchant, elle faisait réciter les déclinaisons à son fils.

L'enfant, distrait par le tapage et tout endormi encore, bégayait, se trompait, entrecoupait la litanie de *Rosa, la rose*, de *heu !* et de silences prolongés. Et la cantinière reprenait patiemment :

— Génitif... *Rosæ, de la rose*... Datif... Veux-tu apprendre ta leçon, méchant crapaud ?

Puis elle le conduisait elle-même au collège, elle interrogeait les professeurs, elle eût assisté aux classes s'il l'avait fallu. Le petit, en effet, était toute sa joie, tout son orgueil. Elle qui avait rincé les verres dans une auberge de village, qui avait gagné sa pauvre vie en s'échinant péniblement, qui savait à peine lire et écrire, rêvait pour son fils une vie de monsieur, heureuse, au-dessus d'elle. Elle espérait le voir quelque jour marchant de pair avec les fils de bourgeois, les dominant tous de sa science et de sa force. Il aurait des épaulettes. Il commanderait des hommes. Il ne serait pas comme l'avait été son père, un musicien de régiment, chevronné, vulgaire, auquel par charité on avait donné une cantine dans la caserne. Et elle se saignait aux quatre membres afin que l'enfant pût aller user ses culottes sur un banc de collège.

C'était là le but de ses labeurs, l'espoir consolant qui la soutenait, qui l'enveloppait d'une calme béatitude. Elle ne songeait à se reposer, à se lever tard, à fermer boutique, que le jour où son fils n'aurait plus besoin de l'aide maternelle, où il serait enfin inscrit snr l'annuaire. Alors seulement, elle viderait son bas de laine. Elle retournerait vieillir au pays, chauffer sa carcasse fatiguée au bon soleil tiède, aux bleus éblouissants de là-bas. Elle achèterait une bastide modeste, blanche, bien au midi. Elle aurait un pan de jardin plein de gros choux luisants et de ces larges tournesols qui sourient à la lumière d'août, une basse-cour grouillante et des amandiers où les cigales donneraient leur concert aux heures brûlantes de l'aprèsdînée.

Le fils viendrait l'y surprendre, chaque année, après l'inspection générale. Il viendrait remplir de sa gaîté, de sa jeunesse, de sa voix toute la maison. Et l'on mettrait la basse-cour au pillage. On dénicherait les meilleures bouteilles du cellier. On inviterait les voisins, les jolies voisines aussi pour ce grand sacripant de fils. Elle serait toute fière. Elle prendrait peut-être son petit plumet en trinquant avec les uns et les autres. Elle dirait des bêtises. Et chacun de rire, lui plus fort, plus joyeusement que toutes les commères. Serait-elle assez fière, les dimanches, de traverser l'église à son bras, de le montrer avec son uniforme neuf, ses galons, son sabre ? Et serait-elle assez jalousée par les mauvaises gens du bourg ?

II

Les années passèrent. La maman Boudille ne tenait plus sa cantine. Elle avait acheté la bastide si longtemps désirée et vivotait tranquillement au milieu de son jardinage, soucieuse comme autrefois de son fils, et toujours croyante dans l'avenir.

L'enfant n'avait pourtant pas répondu à ses espérances ardentes. Paresseux, ayant gardé l'inintelligence originelle, il n'avait pu arriver à rien, et, végétant, lassé de rouler vainement d'examens en examens, il s'était engagé dans le régiment où sa place semblait avoir été gardée.

La cantinière souffrit douloureusement d'abord en voyant ainsi s'effondrer son beau rêve. Mais, bientôt, elle retrouva sa superbe confiance du passé. Il était nommé caporal. Quelques mois après, il avait les chevrons d'or de fourrier. Puis, les deux galons de sergent-major. Sergent-major, cela ne le rendait-il pas presque officier? Elle calculait les mois, les semaines. Le pas serait promptement franchi. Le rêve se réaliserait enfin. Elle écrivait à son fils des lettres de quatre pages, débordantes d'amour, naïves, emplies de conseils interminables. Elle lui expliquait le train-train militaire, ses devoirs de sous-officier, comme un vieux soldat qui n'a jamais quitté son régiment et qui se ferait casser la tête pour défendre son drapeau. Elle le questionnait. Elle l'encourageait. Elle était restée la bonne maman Boudille assise à son comptoir, le matin, et faisant réciter au petit les déclinaisons de la grammaire latine.

Il répondait de ci, de là, hâtivement, avec une sorte d'ennui qui filtrait entre les lignes banales et glacées. La pourriture mauvaise de la caserne lui rongeait déjà le cœur. Il ne cherchait qu'une chose dans les enveloppes maternelles : le mandat d'argent que la bonne femme lui envoyait parfois. Il buvait. Il jouait. Il découchait, salissant ses galons dans tous les bouges de la ville. Les gueuses s'arrachaient ce grand garçon, poupin, rose comme une fille, n'ayant pas quatre poils aux lèvres, et taillé comme un lutteur de foire. Il vidait ses poches pour elles. Il payait tous leurs caprices. Il s'enfonçait dans la boue jusqu'aux yeux, n'ayant plus de forces, plus de raison, plus rien de vivant et de propre en son cœur détraqué. Il emprunta lorsqu'il eut claqué son dernier sou. Et, le jour où personne ne voulut lui ouvrir sa bourse, il vola. Il se sauva, ayant vidé la caisse de sa compagnie et traînant à sa remorque une vieille rouleuse que tous les soldats avaient ramassée avant lui sur les trottoirs...

III

La mère tomba raide, comme morte, en apprenant l'affreuse nouvelle. Elle était affolée. Elle se refusait à croire la lettre envoyée par le capitaine de son fils. Elle avait honte d'elle-même. Elle se maudissait en pensant qu'elle avait mis au monde une pareille ordure, que ce voleur, poursuivi par les gendarmes, était son fils. Elle sanglotait d'une voix si désespérée, qu'on eût dit au loin des hurlements de chien se lamentant aux portes des fermes la nuit. Elle se reprochait de l'avoir adoré, d'avoir prié pour lui, d'avoir rêvé son bonheur.

— Les morts sont heureux! criait-elle, pensant au père Boudille qui dormait placidement, lui, sous les herbes parfumées du cimetière.

Le lendemain, elle fit tambouriner par le crieur que la bastide était à vendre sur l'heure, et avec la bastide, le jardin, les poules, les meubles, le linge, les bijoux et les vêtements. Les paysans accoururent. Ils achetèrent tout à des prix dérisoires.

Et la cantinière partit aussitôt, serrant jalousement son argent contre sa poitrine. Elle eût marché pieds nus jusqu'à la garnison du voleur, pour dépenser moins, mais le temps pressait ; et l'on ne devait pas, au régiment, pouvoir insulter le nom de la maman Boudille. Elle descendit du train, en pleine nuit, et courut au poste.

— Je suis la maman Boudille, dit-elle à la sentinelle qui la repoussait. Si tu ne me reconnais pas, c'est que ça vieillit rudement, la peine ! Où demeure le capitaine de la troisième du deux ?

La sentinelle donna l'adresse.

La mère reprit sa course folle. Elle s'égarait dans les rues sans gaz. Elle eut la tentation morbide d'en finir, quand elle traversa le pont du canal. Elle y résista avec une énergie farouche.

— Je dois payer, avant, ce qu'il a volé, murmura-t-elle.

Enfin, après trois heures d'errantes recherches, au jour naissant, elle sonna à la porte du capitaine. Il ouvrit et recula épouvanté comme devant une apparition fantastique, tant la vieille femme était pâle.

— N'ayez pas peur ! fit-elle sourdement. Je viens vous payer ce qu'a volé mon fils à la compagnie...

— Madame Boudille ! s'écria le capitaine en lui tendant ses deux mains tristement.

Elle ne bougea pas.

— Combien a-t-il volé? demanda-t-elle.

L'officier ne répondait pas.

— Combien a-t-il volé? répéta-t-elle obstinément.

— Mais vous n'allez pas payer, vous ne le pouvez pas, c'est mon affaire!

— Combien a-t-il volé! dit-elle une troisième fois.

Il comprit qu'aucune raison, aucune prière n'ébranleraient la résolution inflexible de la cantinière.

— La caisse renfermait six cent soixante-quinze francs!

— Vous me jurez que le compte est vrai; que, par pitié pour moi, vous ne diminuez pas cette somme?

— Je vous le jure, madame Boudille.

— Et que devait encore mon fils?

Il consulta un dossier.

— Trois cent trente-deux francs.

— Voici l'argent! s'écria-t-elle en comptant les rouleaux un à un sur la table...

IV

La mère Boudille vit maintenant d'aumônes, et, le matin, elle vient manger aux portes des casernes la gamelle de soupe qu'on distribue charitablement aux crève-la-faim ! Mais le petit n'a pas été condamné pour vol.

L'AUBADE

— ... Oui, les petiots, c'est comme je vous le dis ! s'exclama le tambour-major Frontignac en posant bruyamment son verre vide sur le comptoir de la cantine ; vingt-quatre ans de service, douze campagnes, la croix et la bannière, et pas un jour de bloc ! On peut consulter les papiers, et le colonel, parlant par respect, ne pourrait pas montrer un folio aussi nettoyé que celui de Jean-Marie Frontignac ! Cela pour votre gouverne, mes gars. Un litre du même, si c'est un effet de votre bonté, mâme Augustine.

La cantinière déboucha elle même la bouteille et emplit une seconde fois les verres que les doigts des tapins avaient marqués de taches crasseuses. On trinqua encore. Les mouches bourdonnaient au plafond. Une chaleur lourde embrasait l'atmosphère imprégnée d'écœurantes odeurs. Et, par le rectangle de la porte ouverte, la vaste cour de la caserne apparaissait déserte, balayée d'aveuglantes blancheurs.

— Nom de Dieu, qu'il fait soif! bougonna un tambour du troisième bataillon. On licherait la rivière pour se rafraîchir la gamelle!

Le caporal Burosse — un petit rouge qui avait trois chevrons à la manche et la voix éraillée comme un piston détraqué de saltimbanque — cracha le bout de cigarette éteinte qui pendait au coin de sa bouche, et, souriant moqueusement :

— Vous nous en contez de bonnes, chef! affirma-t-il.

Frontignac redressa son torse énorme et, d'un geste hautain, il effila la pointe aiguë de ses moustaches.

— De quoi, clampin? fit-il.

— Bédame, tout le régiment sait bien qu'un jour, en traversant Montastruc...

— Suffit, on se souvient! Avancez tous à l'ordre et silence dans les rangs!

Il s'accouda, lampa son verre plein avec un claquement de langue et commença ainsi :

— Alors, vous n'étiez pas an service ni les uns ni les autres, pas même toi, caporal Burosse, qui fait tant le mariolle! Les ceux de ce temps-là ont pris leur congé et bien trop, misère de sort, se sont fait crever la paillasse à Sedan, le jour où ça chauffait si dur! Et puis voilà, à la guerre comme à la guerre, tant pis pour les déveinards qui écopent à la foire d'empoigne. Mais il y avait de rudes lapins dans le tas, mille noms de noms, et de longtemps on n'en retrouvera pas de pareils!

Le tambour-major fronça les sourcils, et, la poitrine oppressée d'un long soupir, il s'essuya le front de sa manche galonnée.

— Le régiment, continua-t-il, changeait de garnison. De Lille en Flandre à Bayonne en Bayonnais. Une sacrée étape, allez, et un fier ruban de grand'route à mesurer des ripatons. On ne se plaignait pas cependant on était tout amusé de voir du pays, et chacun se disait que là-bas, à Bayonne, les donzelles aimaient le militaire, et qu'elles avaient de la beauté comme pas une, avec leurs mouchoirs campés sur la nuque, leurs quinquets luisants comme un fourniment bien astiqué, et tout le tremblement, parbleu.

Il se tourna vers la cantinière :

— Sans vous commander, mâme Augustine, un litre du même au même! De semaine en semaine, le voyage se tirait, quand, un beau matin, au rapport, en entendant le colonel dicter aux sergents-majors le nom du gîte prochain, du bourg où l'on décrocherait le sac, le souvenir me revint brusquement du clocher oublié, du village natal et de l'ancienne baraque au toit de chaume où les vieux étaient morts. Je la revoyais, bien qu'il y eût des années et des années de cela, dans un enfoncement où des cerisiers étendaient l'ombre de leurs branches; je revoyais la porte basse, trouée d'une chatière, et, contre le mur, les sarments de vigne s'accrochant aux briques: je revoyais le puits, les seaux qui dégringolent dans l'eau verte avec un bruit de ferraille, et l'enclos, et les poules picorant parmi les orties...

Je sentais comme une musique qui se réveillait dans le coffre. J'avais envie de chanter, de pleurer, de souffler ma joie à toutes les compagnies. Et à la deuxième halte, n'y tenant plus, je réunis les tapins en cercle comme pour la lecture du rapport : « Mes enfants, m'écriai-je, le régiment traversera aujourd'hui Montastruc. Montastruc est le village où le tambour-major Frontignac a reçu le jour. Ouvrez l'œil et le bon, quand il saluera de la canne la septième maison à gauche de la grande route. C'est là ! »

Tambours battants, suivant le règlement, on longea les premières maisons du bourg, et voici qu'à la septième, — la baraque familiale, — ayant levé la canne vers le ciel d'un mouvement brusque, ainsi qu'aux revues lorsqu'on salue le drapeau qui apparaît les tapins, obéissant au geste accoutumé, sonnent aux champs comme des perdus. Et ra fla, fla, fla, et ran pan, pan, pan, tout fiers, tout heureux, ils y allaient à plein cœur. Les vitres des fenêtres en carillonnaient. Les femmes, sur leurs portes, se signaient, croyant au passage d'une procession. Et flatté de l'aubade inattendue, je ne songeais pas à interrompre la triomphale batterie. Le colonel exaspéré gueulait, les commandants gesticulaient ; les autres s'imaginaient une mauvaise rigolade.

A l'arrivée, tous les tapins furent consignés, et le tambour-major eut ses quinze jours de planche.

— Et ce furent les seuls, conclut Frontignac, les seuls pendant vingt-quatre ans de service. La musique valait bien ce prix-là. Qu'en dites-vous, les petiots ?

AQUARELLES MILITAIRES

AQUARELLES MILITAIRES

I

AU GRANDES MANŒUVRES

NOTES AU CRAYON

Avant le départ. — Depuis quinze jours, on ne parle que des manœuvres à la pension et au café, et, entre les bocks ruisselants d'écume que le garçon pose rapidement sur le marbre, c'est un continuel dépliage de grandes cartes noircies de hachures, où des croix marquées au crayon rouge ponctuent des gîtes d'étape.

Ces pauvres cartes d'état-major, en ont-elles assez entendu de bêtises gravement débitées avec des gestes posés, lents, et des hem, hem, dogmatiques qui sonnent d'un bout à l'autre de la salle où la fumée des pipes monte au plafond à travers la mauvaise odeur de la bière renversée et des « mazas » refroidis.

Cela se passe dans le coin des officiers d'avenir, des lieutenants chaque année proposés au choix, qui savent l'Annuaire mot à mot comme une Bible et qui attendent toujours leur lever du soleil au tableau d'avancement

Les « vieux » ventrus et couperosés par les « perroquets » quotidiens discutent entre eux le nombre et le prix des boîtes de conserves qu'il faudra acheter pour la popote, car les étapes dans l'inconnu ne sont pas toujours jalonnées par ces bonnes auberges villageoises dont la cheminée fume sans repos, toujours bondées de buveurs attablés qui lampent des litrons de vin nouveau ; ces cabarets bruyants où les grasses servantes se laissent prendre la taille dans l'ombre des armoires, et où l'on entend chanter dans la poêle les lardons roulés dans les plis d'une omelette. Et, entre les quarante de bézigue, les tierces à la dame, reviennent des recettes culinaires, des sardines par-ci, langue fourrée, pâtés par-là, que le chat paresseusement pelotonné sur le comptoir, parmi les petites cuillers de ruolz et les pipes des habitués, semble comprendre et pressentir de ses gros yeux verts convoitement écarquillés.

Devant la porte, entre les troènes qui recroquevillent leurs feuilles poussiéreuses dans des caisses de bois peintes en vert-pomme, à la place traditionnelle où viennent s'asseoir les sous-lieutenants imberbes dont les galons sont encore dorés comme s'ils sortaient de la veille de chez le passementier, fusent d'interminables éclats de rire, des paris impossibles qui font retourner la tête aux passants interloqués. On dirait qu'il s'agit de monter bientôt une comédie amusante, quelque farce où il y aura du neuf, des pays à voir, de jolies filles à embrasser à la brune, sous les ormes épais des foirails. Et tandis que ces joyeux ne songent qu'à éparpiller gaiement les journées prochaines, le grand Roquillard, un ex-sergent-major aux moustaches fadasses, perché comme un héron devant le billard solitaire, les yeux fixés sur sa carte étalée au milieu du drap vert, note les noms de châteaux épars entre les villages dont les maisons apparaissent par petits traits pressés. Et pareil au comédien Léandre dont il est parlé dans le capitaine Fracasse, croyant encore à l'amour romantique et aux aventures des billets de logement, il rêve comme d'un Eldorado idéal, des héritières blondes, moulées dans leurs robes de toile, qui jouent au « lawn-tennis » sur les pelouses vertes étendues comme des tapis devant le perron d'une vieille demeure seigneuriale.

II

En route. — Prologue manqué. Un départ avant le jour par des averses automnales qui rayent incessamment l'horizon de leurs diagonales grises. Toutes les fenêtres de la caserne sont éclairées et ces trous de lumière jaune prennent dans l'ombre la tristesse du vitreux regard d'un agonisant qui s'éteint peu à peu. Les hommes à moitié endormis encore ne retrouvent plus leurs compagnies et les cris, les jurements, les commandements se suivent rauques, enroués, perdus dans le bruit métallique des bidons qui se heurtent, des fusils qu'une main lassée laisse parfois retomber sur les cailloux, dans le fourmillement sourd des pieds et le clapotis de l'eau dégoulant des gouttières.

Je ne sais rien de plus lugubre qu'une marche militaire par une nuit pluvieuse. Les hommes baissent la tête, tirent la quille comme des conscrits. On n'entend pas une de ces chansons railleuses d'étape qui font oublier la borne kilomètrique impassiblement plantée au rebord du fossé comme une vedette. Toujours ce monotone crépitement de ferblanterie et le traînaillement des godillots dans la boue. Et sans trêve, devant les prunelles fatiguées par le noir, la vision pénible d'une voiture aux lanternes tremblotantes dont le reflet ensanglante au loin les flaques d'eau et dont la masse qui semble toujours avancer ne peut se détacher du vague informe des ténèbres.

... Les tambours et les clairons sonnent la marche du régiment quand on traverse un village. Alors toutes les fenêtres s'ouvrent secouées par l'aubade stridente. Les bonnes vieilles assises sur leurs portes lâchent la quenouille et leur bouche édentée murmure des exclamations apitoyées en voyant défiler les fantassins crottés jusqu'à l'échine.

Les femmes, les enfants grouillent devant l'église.

« Hé! bonjour la petite mère! A quand nos épousailles, la belle? » crient les troupiers. Les filles répondent par un large sourire aux baisers qu'on leur jette du bout des doigts en les frôlant au passage.

Au loin, dans les champs de maïs, les paysans courent vers la route, sautant par-dessus les mottes de terre mouillée. Et aux dernières maisons, près des murs où sur la plaque bleue s'étale en lettres jaunies: « OLORON, — 18 kilomètres 8 », de l'autre côté d'une haie toute piquetée de prunelles violettes, une petite aux mèches fauves qui s'échappent d'un capulet rouge déteint nous salue lentement d'un « *additias* » très doux qui se mêle aux meuglements de ses vaches dont les fanons luisants pointent au-dessus des ronciers.

... L'autre nuit, aux environs de Navarreinx, les divisions ont bivouaqué sur les positions occupées. C'était une nuit d'étoiles, une nuit romantique de conte bleu où les feuillages immobiles dorment, où le croissant baigne d'une pacifique clarté les chaumes moutonnants. Des odeurs d'herbe piétinée embaumaient l'air frisquet. La fumée des cuisines montait droite comme ces langues blondes qu'on voit sur les toits des orientalistes qui représentent un campement de caravane dans le désert. Les armes formées en faisceaux brillaient et les hommes demeuraient inertes, roulés dans leur capote épaisse. Il ne s'entendait que parfois le cri éperdu d'une sentinelle isolée, répétant : « Qui vive ? » et attendant le mot de passe ; puis des hennissements fougueux d'étalons arabes attachés au piquet : je n'oublierai jamais cette impression reposante.

III

Au cantonnement. — On arrive presque toujours au cantonnement vers midi. Les bataillons se rangent d'abord devant la mairie et on présente les armes au drapeau avant de rompre les rangs. On dirait de la poignée de mains, du salut cordial qu'on échange, le soir, avec un vieil ami qui va se coucher. Rien de vivant comme cette arrivée, surtout quand il « fait soleil, » comme on dit là-bas. Les soldats courant trois à trois, dans les rues, le pain de munition planté au bout du canon de leur fusil, le billet de logement à la main ; les officiers enveloppés dans leurs longues capotes aux collets relevés, demandant leur chemin aux habitants, tandis que les ordonnances attendent accroupis sur les cantines à bagages ; les mulets des voitures qu'on dételle ; un cheval qui s'ébroue et se cabre ; les bottes de paille qu'on distribue ; les

« mercantis » qui circulent dans ce tohu-bohu avec des bouteilles et des verres, et là-bas, au milieu de la place, le colonel entouré des commandants et des sergents-majors, qui dicte son rapport avec des gesticulations affairées.

Une heure après, les rues sont presque retombées dans le calme profond des jours accoutumés. Les cabarets seuls débordent de pantalons rouges, et sur le « marcadieu » il n'y a plus que les carrioles du train alignées symétriquement, avec leurs deux sentinelles qui se promènent de long en large d'un air morose.

....Lorsque, par les après-midi de « repos », la musique joue sur la place du village, on ferait volontiers cent lieues pour voir les têtes des paysans niaisement épanouies, — les têtes qui dodelinent aux rythmes entraînants des fanfares, et pour entendre les réflexions étonnantes qui se répondent de tous côtés.

Puis, ce sont les châtelaines des environs qui arrivent en mail-coach ; des bandes de jolies créatures en toilettes d'automne, en grands chapeaux de paille relevés sur le front, qui viennent égayer le paysage et jeter dans cette églogue naturaliste leur froufrou et leur inoubliable saveur de Parisiennes.

... Les logis se suivent et ne se ressemblent pas malheureusement. Tantôt c'est une auberge sale, un bouchon décoré de la traditionnelle branche de houx ; tantôt une chaumière où les poules couchent dans l'unique chambre, où l'on s'enfonce en des lits de plume monumentaux; tantôt — et c'est le meilleur lot, — le sort vous envoie en quelque château où l'hospitalité est digne d'être mise en musique par Boïeldieu, où l'on dort divinement, où il est loisible de rêver qu'on n'a pas quitté son petit entresol de garçon et qu'on ne se réveillera qu'au grand soleil de midi filtrant indiscrètement entre les lamelles des persiennes...

...*Tardè venientibus ossa.* — Le pauvre Croixans vient d'en faire l'expérience à l'hôtel du *Soleil-d'Or*, à Saint-Landry-de-Cabessac. Arrivé trop tard, ne parvenant pas à décrocher la moindre bouchée, il s'était, de guerre lasse, emparé d'un morceau de pain dur destiné sans doute à la pâtée des gorets. Du pain sec et dur quand on n'a pas mangé depuis près de vingt-quatre heures, et qu'on ne peut d'ailleurs le broyer ntre ses dents, cela semblerait insuffisant aux plus faciles à contenter, pas vrai ?

Or, les assiettes étaient là sur une table, avec des restes de sauce qui bigarraient de taches rousses leur blancheur et gardaient un fumet réjouissant. Croixans n'hésita pas. Les yeux fermés, il trempa et retrempa son pain dans les assiettes et se composa un déjeuner fortement éclectique. Eh bien, au moment de partir, lassé, mais non rassasié, Croixans ayant demandé ce qu'il devait, l'aubergiste lui compta, sur une note fantaisiste, cinquante centimes de pain et soixante de sauce !

IV

Ce qu'un sous-lieutenant voit dans une bataille. — A pointe d'aube, on nous fait occuper une ferme délabrée, aux toits croulants sous l'assaut des giroflées et des pariétaires, tout entourée de haies qui barrent un jardin plein de choux. Les collines sont noires de paysans endimanchés, avec ces parapluies aux tons écarlates qui abritent toute une génération. Au signal convenu, la canonnade commence, lançant ses appels sourds dans le silence du matin. Puis des feux de tirailleurs éclatent de tous côtés, sur la lisière du bois, au flanc des coteaux, dans les vignes. Des flocons de fumée s'éparpillent au-dessus du moutonnement des futaies. Quelques toilettes claires, des ombrelles élégantes apparaissent maintenant entre les bourgerons bleus.

Neuf heures et demie. — L'état-major passe au galop

sur la route, son guidon en tête porté par un hussard. Un tourbillon d'uniformes, de galonnades. Des sabres qui vibrent longuement.

La fusillade continue toujours. L'artillerie détale au trot d'une colline, pour se mettre en batterie sur une autre position.

Onze heures. — Des sonneries de clairons s'appellent, se répondent de tous les côtés.

Le feu cesse, la bataille est finie.

« Par le flanc droit, droite. Par file à gauche, marche ! »

V

Notes d'étape. — Les soldats chantent du premier au dernier kilomètre de l'étape. Leur répertoire coutumier n'est pas fait à l'usage des premières communiantes. On y trouve toutes les gausseries sales des faubourgs, les parodies grossières qui, sans vergogne, font la nique au bon Dieu lui-même, et aussi de-ci, de-là, l'expression naïve de l'idéal pantagruélique rêvé par le troupier, et les souvenirs des grandes guerres d'autrefois.

Les puristes les plus refrognés rient de l'impudeur débraillée de toutes ces chansons, car elles enlèvent les plus écloppés par leurs refrains entraînants et font oublier les longs rubans poussiéreux qui se déroulent à perte de vue entre les peupliers grêles. Et rythmant leur pas à cette cadence allègre, les vingt-huit jours croient déjà humer les fortes émanations de la soupe qui les attend à l'arrivée. Les las, les chétifs, les paresseux et les traînards d'arrière-garde, tous ceux qui à chaque étape, voyant se dérouler l'interminable ruban de route jalonné de peupliers à perte de vue, gémissent, grognent, accusent tour à tour et les rigueurs de la loi militaire et la barbarie des chefs; ceux qui songent tout le jour au magasin qui chôme, à l'ateier qui attend, aux champs qui ne sont pas encore labourés, entraînés languissament d'abord, puis bientôt le pied haut, et la voix sonore, reprennent le cœur en cadence et répètent avec les vieux « carapatains » :

Quand nous arrivâmes au logis :
« Madame l'hôtesse qu'avez-vous d'cuit ?
— Nous avons des pigeons, des lièvres,
De la salade et du ragoût,
Sens dessus dessous, sens devant derrière! »

Je leur ai même entendu chanter l'adorable brunette où il s'agit d'une amoureuse délaissée par son galant pour un bouton de rose, et qui conte ses peines à un rossignol. Nous longions des prés où les regains fauchés étaient tassés en petites meules d'un vert jaunâtre. La pluie diffusait autour de nous leur arome grisant, et je pensais machinalement à cette belle fille qui se lamente d'avoir perdu le cœur de son bienaimé, quand j'entendis derrière moi la voix éraillée d'un vieux brisquard qui, poussant son voisin dans l'ornière pleine d'eau, criait moqueusement :

— Dis donc, vingt-huit jours, si t'es trop mouillé, on te permet de mettre ta jugulaire ; lève donc tse godillots pour ne pas faire tant de poussière !

VI

...... Et c'est fini. Le régiment est revenu, tambours, clairons, musique en tête. Les petits pioupious tiraient un peu la guêtre sur les pavés, — pensez donc, depuis trois semaines qu'on mange du kilomètre et qu'on use les routes du gouvernement! — les fourniments étaient blancs de poussière et les fusils penchaient sur l'épaule lasse de porter le sac chargé à l'ordonnance et cependant, à peine brossés, à peine débarbouillés à la pompe, redressés, épanouis, alertes, tous les soldats partaient vers les squares où les bobonnes en tabliers blancs les attendaient.

LA RETRAITE

Pas encore huit heures. Une nuit calme et tiède de printemps fini qui tombe comme à regret et éteint peu à peu les lueurs nacrées qui frissonnaient au ras de l'horizon. Des voiles gonflées qui descendent le fleuve apparaissent entre les troncs noirs des tilleuls. Une odeur d'herbes brûlées monte des fossés où les grenouilles coassent. Les devantures éclairées des cafés découpent sur le noir de grands rectangles jaunes dans lesquels s'agitent, comme de grotesques ombres chinoises, les garçons affairés. Les petites tables, serrées les unes contre les autres, envahissent le trottoir. Par instants des rires clairs de femmes et des exclamations bruyantes dominent ce murmure sourd de ruche pleine. Les réverbères allumés piquent l'obscurité vague de points rouges.

Au milieu de la place d'Armes où le piétinement des

godillots soulève une buée de poussière, les tambours, les clairons et les trompettes de la garnison sont alignés comme pour la parade. Les tapins impatients martèlent à coups de baguettes le bois de leurs caisses. Les cavaliers attendent immobiles, ne pensant à rien, le pavillon appuyé à plat contre leur pantalon basané. Et, devant le rang, le tambour-major du cinquante-troisième, superbe, énorme, avec des épaules de lutteur forain et des pieds larges qui éclatent dans les souliers démesurés, les moustaches cirées dardant leurs pointes aiguës, redresse son torse fatigué, — car il a trois chevrons d'or à la manche, le père Marius Floressac, et s'appuie sur la pomme soigneusement astiquée de sa grande canne.

Autour d'eux, les vieux retraités qui reviennent chaque soir badauder et remuer des souvenirs jusqu'au moment où les clairons déchirent l'air d'une sonnerie stridente, bavardent avec des gestes las, se retrouvent comme à un appel du soir où l'on compte les absents, où l'on se dit les mêmes choses. Leurs voix cassées gardent des vibrations hautaines de commandement, des roulements de syllabes qui scandent les phrases et leur donnent une allure brutale. Ils toisent comme des intrus les « pékins » oisifs qui brinqueballent aussi de droite et de gauche et regardent les soldats immobiles. Et il faut les voir allonger le cou, cligner des yeux et se moquer les uns des autres quand une jolie fille passe preste et leste, les cheveux au vent, le tablier blanc à la taille, et pouffant de rire de toutes ses dents blanches au lieu de répondre à leurs galanteries essoufflées.

— A-t-elle de beaux quinquets, cette gredine! Vous voudriez bien avoir vingt ans, Campistrous, hein!

— On les a toujours, mon commandant.

Huit heures. Toutes les horloges de la ville se répondent comme un carillon, la grosse basse enrouée de la cathédrale, les cloches des couvents et le timbre sonore de l'hôtel de ville. Le tambour-major a levé sa canne. Rran! c'est un prélude monotone et grave qu'enlèvent en même temps toutes les peaux d'âne, une note assourdissante, répétée, que renvoient les échos de la place. Puis, brusquement, la fanfare alerte des cuivres comme une chanson triomphante qui salue la fin d'une bataille, qui s'éparpille vers les étoiles naissantes avec la fumée bleue des dernières canonnades. Et le rhythme mélancolique et paisible de la retraite leur succède, repris par les tapins et les clairons. Les rangs s'ébranlent. Les soldats s'éloignent vers leurs casernes d'un pas cadencé qu'emboîtent les badauds.

En quelques minutes, la place est vide et déserte comme un champ abandonné. On entend au loin des lambeaux de sonneries qui se perdent, s'affaiblissent, meurent bientôt dans le dédale des rues étroites, des bonsoirs de vieilles gens qui s'en retournent clopin-clopant au logis. Il ne reste plus là-bas sur les bancs de bois, dans l'ombre épaisse des feuillages, que deux ou trois couples d'amoureux qui chuchotent de douces choses à voix basse et s'embrassent à pleines lèvres, enhardis par la solitude, et qu'un chien maigre encore exaspéré par le bruit des clairons et qui hurle désespérément, la queue entre les jambes et les crocs levés vers le croissant lunaire.

MUSIQUE MILITAIRE

Le soleil, qui décline lentement à l'horizon derrière les feuillages dentelés des platanes, accroche d'aveuglantes lueurs aux instruments des musiciens et le bras du chef qui se démène, qui rhythme le morceau commencé d'une mimique incessante, domine les shakos immobiles et se profile en une ombre drôle qui danse sur la pelouse roussie du jardin public.

La chaleur s'apaise comme s'il tombait une fraîcheur des montagnes aperçues au loin où la neige se colore des teintes du couchant. Les accords stridents des cuivres se prolongent dans l'air léger où tournoient des essaims de moucherons roux.

A droite, renversées sur les chaises, balançant leurs ombrelles qui mettent des taches claires sur le vert sombre des massifs, endimanchées en des toilettes trop voyantes, quelques femmes bavardent et rient très fort. Leurs voix couvrent par instants le bruit de la musique. On surprend des lambeaux de conversations heurtées, de potins méchants de petite ville.

Madame d'Aygues-Bénites raconte avec un accent mielleux l'aventure de la petite baronne Rose, qui s'est égarée au dernier « rallye-paper » en même temps que le lieutenant Montalvin. Une autre se moque du chapeau que la sous-préfète a arboré au concours agricole. La femme du receveur d'enregistrement, une blonde dont les yeux braisillent, écoute en souriant comme si elle croquait une friandise défendue, les prières amoureuses que lui murmure à l'oreille un sous-lieutenant sanglé dans son dolman. Plus loin, des dévotes pressent de questions le secrétaire de l'évêché — un abbé poupin qui semble s'être échappé d'une gravure du dix-huitième siècle — et s'occupent du reposoir qu'on élèvera le jour de la Fête-Dieu, dans la rue des Grands-Fossés.

Une poussière impalpable qui s'imprègne d'une odeur musquée de roses, enveloppe les promeneurs qui vont et viennent autour des musiciens. Des nourrices, dont les coques démesurées de rubans se gonflent comme des ailes de grand papillon, lisent, bouche bée, le programme affiché contre une pancarte de bois. Les uniformes tranchent dans la cohue des blouses neuves d'ouvriers et des redingotes noires des boutiquiers.

Et loin de la foule dont elle semble avoir peur,

dans une allée écartée, déjà envahie par l'ombre' toute seule, une pauvre petite vieille écoute le concert qui vient de là-bas, adouci et voilé par l'épaisseur des branches. Elle s'accote de ses mains tremblotantes contre un banc de bois et ne bouge pas, comme en une extase de tout l'être.

Coiffée d'une de ces capotes qu'on portait sous la Restauration, vêtue de loques déteintes, rapiécées, mais très propres, cassée en deux ainsi qu'un bâton sur lequel on s'est trop appuyé, on dirait d'une fée de conte bleu qui, clopin-clopinant, descendrait sur la terre par les pâles nuits de lune. Le visage ridé, tanné comme un antique parchemin, garde parmi ses plis une douceur attendrie, la calme expression des aïeules qui croient encore aux chimères. Le nez et le menton se touchent presque.

Est-ce la veuve d'un ancien officier qui vient chercher des souvenirs et un peu de joie dans cette musique qui lui rappelle la fortune passée, les heures douces du bonheur?

A quoi pense-t-elle avec ses yeux fixes et luisants comme ces trous où l'eau dort dans la nuit? Va-t-elle pleurer ou rire ?

Et tandis qu'elle rêve ainsi de choses disparues, les arbres de Judée, secoués par les souffles du crépuscule, se défleurissent, encadrent sa silhouette ratatinée et lamentable en une pluie rose qui flotte, qui s'éparpille, qui vire et vole comme une passée d'innombrables papillons qui hésitent avant de se poser...

A LA CANTINE

Au réveil.

Les lueurs crasseuses d'un jour blême de décembre, comme figées dans les petits rideaux de cotonnade pendus aux fenêtres, flottent sous le plafond bas de la cantine. Les images d'Epinal qui tachent le plâtre des murs, — ces tableaux enluminés de couleurs criardes où deux prévôts d'escrime se campent en une pause raide devant des dames à crinolines et des généraux souriants et qu'encadre la classique devise : « *Respect aux dames, Honneur aux armes!* »— un almanach illustré de vignettes sentimentales, les placards réglementaires, les affiches dorées de liquoristes s'éclairent lentement. Les bandes d'ombre qui traînaient dans les coins, qui frissonnaient derrière les armoires, semblent peu à peu balayées. Les serins réveillés se répondent d'une cage à l'autre.

Un garçon débraillé, relevant par instants son pantalon rouge taché de gouttes d'eau, lave la toile cirée gluante des tables, essuie les bancs d'un geste machinal.

Malgré les rafraîchissantes bouffées d'air qui s'épandent par la porte ouverte, la puanteur fade du plancher mouillé, du vin renversé, des plats refroidis, de la fumée des pipes conservée toute la nuit dans une chambre close, toutes ces odeurs lourdes de cabaret, ne s'évaporent pas.

Et brusquement, tandis que les clairons sonnent au dehors l'appel de l'exercice, courant, criant, se bousculant, riant aux éclats, les troupiers envahissent la salle. Les verres se choquent. Les jurements retentissent. Les glouglous des bouteilles fredonnent leur vineuse chanson. On harcèle le garçon ahuri, maladroit, ne sachant à qui répondre. Les gros sous tombent sur la table avec des tintements métalliques.

Mais au fond de la cantine, assise à son comptoir, la grosse madame Sisteron paraît ne rien entendre. Une chandelle vermillonne de sa clarté dansante ce masque épais que n'anime aucune pensée. Ses yeux se ferment et se rouvrent, et il n'y a de vie que dans ses mains alertes qui sans s'arrêter tricotent un bas de laine bleu. Cependant, la salle se vide. Les bruits s'apaisent. On perçoit encore la rumeur sourde du régiment qui descend les pentes de la citadelle, et la cantinière se rendort, la bouche béante et le menton appuyé sur sa poitrine qui remonte par sursauts....

LES VINGT-HUIT JOURS

Ils sont arrivés tout à l'heure, comme un troupeau débandé, dans la cour de la caserne des Minimes, où, pour les rallier après l'appel, de place en place, le le long des murs grisâtres sont appendues de larges pancartes.

La pluie tombe, une incessante et fine pluie d'automne qui engourdit leurs membres harassés par le voyage, qui les affale en une immobilité de mannequins, ne voyant rien que le miroitement des flaques d'eau éparses entre les pavés, ne songeant même pas aux choses et aux êtres familiers qu'ils ont laissés derrière eux, ahuris par ce va-et-vient de foule, par les ordres bruyants qui se croisent à droite et à gauche.

Là-bas, sous un grand hangar ouvert aux quatre vents, on a commencé l'habillement. Les officiers énervés crient et gesticulent, les sous-officiers jurent comme des rouliers, les caporaux et les hommes de service suent à grosses gouttes et bougonnent contre ces « empaillés » qui viennent troubler leur vie accoutumée. Un par un, les « vingt-huit jours » sont affublés de képis déteints, de capotes rapiécées, de pantalons élimés. On dirait que le gouvernement a acheté tous ces effets dans quelque sale échoppe du carré du Temple, effiloqués jusqu'à la trame et bariolés de taches graisseuses.

Il y a des bedaines récalcitrantes d'employés à trois mille, qui refusent obstinément d'entrer dans les vestes réglementaires, des bras trop longs dont les manches remontent aux coudes comme dans les caricatures classiques de Dumanet. Les maigres sont aussi grotesques et semblent des faméliques bohèmes qui ont décroché leur défroque on ne sait où.

Certains font la grimace et hésitent instinctivement avant d'endosser la tenue obligatoire, comme s'ils avalaient une médecine amère. Ils se défendent, ils cherchent patiemment, dans le pêle-mêle des vêtements, quelque capote qui soit moins malpropre que les autres, et le capitaine Monistrol, qui voit le temps s'écouler et a hâte d'aller prendre son absinthe, les relance d'une voix rude.

— Est-ce que vous croyez, par hasard, qu'on va vous servir un tailleur ? Vous me consignerez quatre jours ces dégoûtés-là pour leur apprendre à s'habiller ?

Plus loin, un lieutenant assis devant une table boiteuse paye les indemnités de route, et les paysans ergotent, réclament pour deux centimes avec des gestes désespérés, réfléchissent, recomptent sur leurs doigts, nouent leurs gros sous dans un coin de leur mouchoir à carreaux et examinent à la dérobée, avec une sourde méfiance, les camarades nouveaux qui sourient moqueusement.

Sur le tard, au moment où, la corvée finie, le sergent-major emmène les réservistes dans leurs chambrées, un bout d'homme haillonneux, maladif, auquel on donnerait l'aumône au coin d'une rue, accourt clopin-clopinant. Il brandit son livret avec une sorte de fièvre affolée et bégaye des paroles sans suite.

— Qu'c'est qu'ça encore, nom de Dieu! ronchonne furieusement le capitaine Monistrol.

L'autre recommence son incompréhensible mimique.

— Faites pas le mariolle, mille noms de noms, ou je vous colle à l'ombre!

— Ce n'est pas de ma faute, mon capitaine, ils m'ont porté « mort! » bredouille à la fin le réserviste.

On consulte les registres. Le nom du réserviste est en effet rayé d'une barre avec la mention suivante : *Décédé le 12 juillet 1880.* Chacun éclate de rire. L'homme reprend sa lamentation exaspérée.

— Moi qui n'ai jamais été malade, tout mon quartier peut le dire! répète-t-il. Je ne suis pas mort, je veux faire mes vingt-huit jours.

— Ça ne me regarde pas; vous êtes porté mort, je ne connais que mon registre! lui réplique le capitaine.

Et, pendant un quart d'heure, c'est un dialogue impossible à noter, des phrases heurtées, traversées de quolibets rigoleurs, d'insultes, de jurements, une comédie drôlatique comme en jouent les paillasses sur les tréteaux forains.

— Je ne suis pas mort, je veux faire mes vingt-huit jours! glapit le malheureux.

— Va donc te faire enterrer, Bidard!

— M'sieu aura perdu son corbillard en route!

— Comment que ça roule chez le bon Dieu? ricanent à mi-voix les camarades.

— Voulez-vous me foutre la paix, oui ou non? conclut le capitaine ébahi.

— Je ne suis pas mort, je veux faire mes vingt-huit jours!

Monistrol regarde alors sa montre, hausse les épaules et se retire avec les autres officiers. Et tandis que les vingt-huit jours, alignés sur deux rangs, se numérotent de la droite à la gauche, l'homme abandonné s'écroule sur une pile de musettes crasseuses, et sanglote derrière ses mains crispées comme s'il avait perdu quelqu'un de très aimé, et ressasse machinalement sa phrase geignante :

— Je ne suis pas mort, je veux faire mes vingt-huit jours!

VISITES OFFICIELLES

Premier jour de l'an. Au rapport, il n'est question que des visites officielles. Visite chez le préfet, visite chez les généraux, visite chez le premier président, visite chez l'évêque. Toute la garnison doit défiler à la queue leu-leu chez tous ces personnages. Les armes spéciales d'abord, le génie, l'artillerie, la cavalerie, et enfin la pauvre infanterie qui, piteusement, passe toujours la dernière partout.

A midi, tous les officiers du 145e sont groupés sur la place de la préfecture, causant bruyamment, virant de droite et de gauche par groupes, plaisantant et piétinant dans la neige boueuse qui couvre les pavés. Le ciel est d'un gris terne comme une grande vitre empoussiérée. Des voitures de louage aux formes démodées stationnent devant la grille ouverte où, tour à tour, s'enfoncent des silhouettes noires de fonctionnaires. Les arbres lourds de givre font un treillis noir où des nids transparaissent comme des taches rondes. Le soleil à moitié éteint semble un globe de cristal rose. Le froid pique et les collets de capote se relèvent les uns après les autres. Au seuil de l'hôtel de Lavernac, des femmes, emmitouflées dans leurs fourrures, s'embrassent avec le léger frisson des voilettes brusquement frôlées.

A une heure, les officiers sont encore là.

Enfin, on les introduit dans un grand salon banal, tendu de draperies rouges, où le préfet cravaté de blanc parle, avec des gestes étudiés, des avantages du gouvernement, « des libres institutions que le pays s'est données », de la prospérité croissante de la France, de la confiance qu'on a dans la « reine des batailles »...

— Je souhaite, dit-il en terminant, que l'avenir soit pour vous, Messieurs, ce qu'il a toujours été !

Le colonel Daumont de Croisailles, qui attend ses étoiles, se croit obligé de répondre à cette lapalissade monotone. Cela n'en finit plus.

Chez les généraux, la comédie reprend de plus belle. Il faut écouter de filandreuses dissertations sur la portée nouvelle des armes à feu, les réformes nécessaires, les études obligatoires, puis les souhaits invariables, les compliments réciproques. Le lieutenant de Neuvaine, qui a un rendez-vous décisif de quatre à cinq avec la jolie petite comtesse de Serpenoise, commence à s'inquiéter. Il consulte sa montre à chaque minute et voudrait arrêter la marche incessante des aiguilles. De quatre à cinq, hélas ! les visites seront elles terminées à cette heure-là, et la fantasque adorée l'attendra-t-elle dans ce boudoir tendu de peluche feuille-morte qu'elle embaume de son odeur subtile d'héliotrope ?

L'on s'éternise chez le premier président, qui s'embrouille dans ses phrases graves de robin arrivé, cite des axiomes latins, débite des tirades sur le rôle de la justice dans la civilisation.

Mon Dieu ! quelle manie de parlotter quand même ont tous ces diseurs de paroles gelées ! Neuvaine enrage. Il signerait séance tenante une pétition d'Hubertine Auclerc ou de Louise Michel réclamant la suppression des armées permanentes, de la magistrature et du clergé. Il est quatre heures lorsqu'on monte les escaliers de l'évêché.

Monseigneur, superbe dans sa soutane violette, avec l'améthyste au doigt et la croix de la Légion d'honneur sur son aumusse noire, dégoise un vrai sermon en trois points sur un texte emprunté à l'histoire de Josué. Il rappelle les batailles de l'année terrible, évoque les joies du paradis, le bonheur des élus ; raconte le combat de Constantin et de Maxence, la croix miraculeuse flamboyant entre les nuages, l'épopée de Jeanne d'Arc, déclame deux pages de Bossuet ; sans perdre haleine.

Le colonel se mouche bruyamment. Les vieux officiers hochent la tête d'un air convaincu et le capitaine Rouveyrol dit à son voisin :

— Nom de nom ! quelle platine a ce vieux-là !

La montre de Neuvaine marque cinq heures moins un quart au moment où l'évêque bredouille « c'est la grâce que je vous souhaite ! »

Les visites officielles sont terminées. La petite comtesse, qui s'évente étendue sur une chaise longue, éclate de rire — d'un rire fou qui montre ses dents nacrées — quand apparaît la figure désappointée de son jeune ami, et, lui montrant le cartel qui se reflète au milieu de la glace, murmure seulement, avec des baisers dans la voix :

— Messieurs les voyageurs ont encore cinq minutes !

LA BAIGNADE

L'ardent soleil de juillet brûle la vaste plaine piquetée de touffes de joncs que clôt, à l'horizon, un rideau de peupliers immobiles. On dirait qu'une vapeur chaude monte et s'exhale de cette terre limoneuse qui s'écaille. Pas un souffle de vent, pas un nuage dans le ciel blanc qu'ourlent au ras des collines de vagues teintes sombres. Les tentes rondes des moniteurs font des taches claires sur l'herbe roussie. Et l'eau du fleuve semble morte, étincelle comme une aveuglante coulée de métal en fusion...

Au coup de langue du clairon dont la note aiguë se prolonge dans l'air silencieux, les hommes, qui se déshabillaient sur la berge, courent pêle-mêle vers les escaliers mouvants du ponton. C'est une cohue bruyante de torses nus, maigres et musculeux, qui se bousculent, qui dégringolent en grappes pressées dans le bassin étroit comme une mare de ferme. Quelques-uns ont un caleçon, mais la plupart ont attaché autour de leurs hanches quelque mauvais mouchoir à carreaux, rapiécé, qui ballotte à chaque pas. La fraîcheur brusque du bain les excite, les fouette salubrement, et ils battent des mains, ils crient à pleine voix, ils s'éclaboussent, ils se moquent les uns des autres..

— Eh ! Sauval, tes poux ne seront pas à la noce !

— Et les tiens, grande andouille, tu les as peut-être mis à l'ombre ?

— Enlève donc tes ripatons, Louchard, tu vas faire déborder la rivière !

— En voilà une purée ! les sapeurs en boiraient !

— Salopiaud, vieille vache, frotte ton cuir, ça ne s'use pas !

La nappe lumineuse où se reflétait la torpeur du ciel est maintenant troublée, jaunâtre, malpropre, maculée par la vase, que remue et soulève le piétinement incessant des soldats et les gouttelettes qui s'éparpillent parmi les roseaux étoilent les feuilles luisantes de plaques boueuses. Sur les planches du ponton, prêts au premier appel à se jeter à l'eau, les moniteurs vont et viennent, épient les rares nageurs qui ne sont pas emprisonnés dans la « grenouillère », et s'abandonnent au courant comme des épaves perdues. Ils s'époumonnent à les rappeler, à les invectiver, à les menacer lorsque les imprudents, malgré la consigne, tentent de dépasser les bouées amarrées à droite et à gauche.

A l'ombre d'une tente, les officiers qui ont conduit le détachement fument tranquillement leur cigarette et s'épongent le front par instants en riant des gaudrioles que débite l'aide-major d'une voix narquoise. On parie des choses invraisemblables. On prépare pour la semaine suivante une joyeuse partie de canots où l'on emmènera de jolies petites filles, où l'on ira dîner dans quelque auberge de mariniers. Le lieutenant Roquillard, qui est toujours de semaine depuis que son sous-lieutenant s'est embusqué au ministère, tortille rageusement le gland noir de sa dragonne et murmure entre ses dents :

— Vous avez de la veine, vous autres, de n'avoir rien à ficher !

Près d'eux, l'adjudant-major, affalé sur son grêle petit cheval arabe, les pieds en équerre, la tête basse, surveille distraitement la baignade, consulte sa montre, regarde de-ci, de-là, le clairon qui attend un geste et creuse la terre sèche à coups de talon comme une bête qui piaffe.

Les malades et les carottiers, que le major a tout à l'heure dispensés de la baignade, dorment étendus en plein soleil devant les vêtements et les godillots amoncelés en ligne le long du chemin. La chaleur les engourdit, les pénètre, les cloue sur le sol craquelé comme des masses inertes, et ils ne sentent pas l'odeur pestilente et malsaine qui se dégage lourdement de ces linges mouillés de sueur, de ces pantalons trop longtemps portés, de ces souliers épais et déformés qui bâillent sous l'implacable et torride lumière.

Au-dessus, sans se poser, sans interrompre leur tourbillonnement inquiet, volent et bourdonnent de grands essaims de mouches bleues. L'on n'entend d'autre bruit que le coassement affolé des grenouilles et une sonnerie voilée, à peine distincte, de cloches qui, là-bas, dans les tours de la cathédrale, carillonnent l'office des chanoines. Et ces relents de caserne étouffent la fraîche et subtile senteur des menthes et des reines-des-prés qui fleurissent la rive et trempent au fil de l'eau leurs feuilles finement découpées...

NUMÉRO 4

Les volets toujours entre-bâillés regardent le talus herbeux du rempart, où une sentinelle piétine de long en large, le fusil de travers sur l'épaule. Le numéro démesuré qui domine une petite porte à judas semble une grande enseigne attirante. La maison, comme endormie sous l'ombre, a un aspect de couvent silencieux.

C'est là que se terminent les réceptions.

Madame Athénaïs Matabiau — madame, comme l'appellent respectueusement les femmes — aime les officiers et les connaît presque tous par leur petit nom. Elle leur donne des conseils maternels, parle de l'avancement et ne se fâche pas quand un sous-lieutenant, par farce, l'embrasse dans le cou, lui propose des bêtises, dévaste d'une étreinte fougueuse l'arrangement grave de son corsage, qui déborde comme une corbeille trop pleine

On a beau taper à coups de poing sur le piano enroué quelque marche tapageuse, quelque valse bouffonne qui fait vibrer les carreaux des fenêtres ainsi qu'au passage d'un régiment. On a beau chanter à tue-tête des refrains orduriers de corps de garde, écraser les verres au plafond, harceler de quolibets et de chatouiller les gadoues qui se renversent parmi les coussins ravinés, « madame » ne se fâche pas, se contente de sourire, de reluquer à la dérobée — avec une sensualité qui coule au fond de ses prunelles grises — le lieutenant Poignol, un ancien sergent-major, dont les moustaches cirées la troublent malgré elle...

Elle a une vieille passion tenace et que rien n'éteindra pour le galon et le pantalon rouge.

On ne voit dans sa chambre que des photographies d'officiers, jaunies la plupart, et datant de loin, en uniformes oubliés ; et quand le général passe la brigade en revue sur la place d'Armes, elle s'étale invariablement au premier rang des badauds, en toilette sérieuse de douairière et avec un châle de l'Inde aux rayures multicolores, qu'elle déplie cinq ou six fois par an.

Elle ouvre elle-même la porte aux officiers et leur donne toujours le plus beau salon de la maison, le salon rouge, qui est tapissé de glaces et où il y a le piano. Et, tout en jacassant dans un coin, en écoutant les potins de la garnison que l'aide-major lui détaille avec de gros mots drôles, elle surveille d'un coup d'œil vague ses pensionnaires, et par instants, d'une voix calme, interroge :

— Est-ce que personne ne monte aujourd'hui ? Voyons, mes enfants, vous êtes donc encore sans le sou ? Quel sale gouvernement qui n'augmente pas la solde ! Comme si ça ne vaudrait pas mieux que d'entretenir ce tas de colons qui se la coulent à la douce !

Puis, se tournant vers le gros Saint-Maur, l'adjoint au trésorier, qui a pris deux filles sur ses genoux et leur apprend une chanson de beuglant :

— Demandez donc au père douillard de vous avancer quelques roues de derrière ; on vous retiendra ça à la fin du mois !

Et l'on attend patiemment le retour des camarades qui ont quitté tout à l'heure le salon avec une femme qui se pendait à leur bras, qui dégrafait en marchant son peignoir de tulle et riait d'un air content. On a abandonné le piano, qui reste ouvert avec des coupes de champagne poisseuses sur les touches d'ivoire usées par les doigts. Le gaz grésille et fait danser des ombres bizarres le long des glaces. « Madame » cause à mi-voix et s'éberlue de la dernière farce que la colonelle a jouée à son mari. Les femmes sont presque toutes parties, et, enfoncé dans son fauteuil, le dolman déboutonné, Saint-Maur ronfle à présent, comme un chanoine au milieu de l'office, ballotte sur le dossier, se réveille en sursaut à chaque coup de timbre qui stride dans la paix familiale du salon, grommelle un juron et reprend le somme interrompu.

LES PAUVRESSES

Patiemment, arrêtées à quatre pas de la grille ouverte de la caserne, grelottant dans leurs loques sordides que flagelle la bise de cinglées aiguës, leurs savates trouées clapotant parmi les flaques boueuses et noires de l'avenue que sillonnent les lourds camions de chemin de fer ; trop vieilles, trop usées pour faire d'autre métier que de tendre la main, pour racoler même dans les nuits brumeuses quelque pensionnaire aviné qui s'en revient en braillant, les pauvresses suivent machinalement le va-et-vient de la sentinelle drapée dans sa capote de bure rousse, regardent la porte du corps-de-garde où les hommes se chauffent autour du poêle qui rougit, et, commes des bêtes affamées, elles guettent le moment où on leur distribuera la gamelle de soupe accoutumée.

C'est de l'eau chaude graisseuse où trempent les vieux croûtons balayés aux quatre coins des cuisines, où nagent des restes de légumes et de viande. Des relavures pareilles à celles que l'on envoie au colonel pour ses chiens — mais cela remplit le ventre vide, cela rassasie, cela empêche un instant de sentir le froid qui tenaille leurs membres maigres comme à coups d'ongles.

Dans le taudis lointain du faubourg où elles gîtent, sous les porches d'églises où elles mendient, sur les grandes routes, où, d'une voix larmoyante, elles tentent d'apitoyer les passants, elles poursuivent les voitures en brinqueballant de tout leur corps déformé, entendent-elles le clairon de garde qui sonne la soupe dans la cour, qui rappelle les troupiers du côté des cuisines, où les gamelles propres sont alignées, où les cuisiniers en blouses sales se croisent les bras ?

Aucune n'est jamais en retard, ne manque à la distribution dans cette arrière-garde haillonneuse dont les soldats connaissent et ont débaptisé une à une les paroissiennes démolies. Dérisions railleuses ou obscènes comme les caricatures informes que les voyous charbonnent sur les murs, sobriquets de loustics qui marquent leur peau tannée comme un numéro matricule, et qu'elles savent peut-être mieux, dans l'incohérence de leur mémoire qui s'éteint, que le nom d'autrefois, le nom d'enfant désappris ou dédaigné.

C'est Margot-Pis-de-Vache, une grosse femme qui se traîne péniblement et dont la chair flasque ballotte et s'écrase comme les fruits blets; Zouzou-le-Bidon; la grande Liche, qui ramasse des morceaux de rubans au seuil des ateliers de modistes et se les noue dans les cheveux; le Trou-aux-Tapins, qui couchait jadis avec tous les tambours-majors de la garnison; Fanfan-la-Rate, une toute petite vieille recroquevillée, timide, passant toujours après les autres avec des trottinements inquiets de souris; Marie-l'Écumoire, la figure tragique, grêlée, trouée comme par une décharge de cendrée, hideuse avec ses lèvres qui pendent et ses yeux qui s'allument d'une rage latente.

C'est enfin, respectée, jalousée sourdement par le tas des autres qui lui obéissent à contre-cœur, une grande bringue sèche comme un cep de vigne défeuillé, que les troupiers appellent la Générale.

Ce fut en effet. — Dieu sait quand — une adorable tentatrice aux cheveux éblouissants comme une toison d'or, aux affolantes soifs d'amour, au corps mignard et délicat comme une statuette de Tanagra. Pendant des couples d'années, elle mit toute la garnison en danse avec son rire décevant, ses toquades brusques, ses caprices inconstants. On se battait, on se ruinait, on se déshonorait à cause d'elle.

Le général qui commandait la brigade tomba dans la toile d'araignée comme un simple sous-lieutenant, et le scandale de leur collage fut tel que le ministre mit le malheureux détraqué en disponibilité.

Hélas! comme dit, avec une mélancolie nostalgique, le poète latin, les jours succèdent aux jours, s'enfuient, tombent comme les feuilles mortes, déforment, détruisent ainsi qu'en un moule torturant celles qui se crurent les plus jolies et les plus adorées !

La « Générale, » dégringolée d'échelon en échelon jusqu'à cette grille de caserne où on la houspille de narquoises moqueries, où elle avale goulument cette gamelle de soldat, qu'une fois jadis, pour l'amuser, on lui fit goûter du bout des lèvres, se soûle dès qu'elle a quatre sous dans sa poche, couche, comme une vagabonde, n'importe où, sur une paillasse vermineuse, sur la paille ou sur la terre nue, cherche encore à ramasser des hommes et, comme pour les affriander, pour les mettre en fièvre par une odeur de chair jeune, traîne avec elle sa fille, une gosseline de quatorze ans, embouchée comme un tambour, la tignasse sur les cils et reluquant, sans baisser les paupières, les sous-officiers qui la lutinent.

Et quelque soir, cuvant son vin contre une borne, elle oubliera la gamine dans le corps de garde comme un paquet gênant dont on se débarrasse pour mieux dormir...

LE RAPPORT

Une grande salle triste et froide où la lumière pénètre comme à regret, brouillée par les petits carreaux poussiéreux des fenêtres. Des pancartes et des pancartes échelonnées sur les murs blanchis à la chaux. Circulaires ministérielles, adresses des officiers, ordres et consignes permanents, marchés de l'ordinaire.

La table couverte de paperasses, d'enveloppes jaunes brusquement ouvertes, de théories à couvertures bleues, et, derrière, accoté des deux mains au dossier d'une chaise qu'il balance d'un mouvement machinal, le colonel Daumont de Croisailles, impatient de sortir, écoutant distraitement comme une rengaine d'orgue de Barbarie les observations lentes du major qui s'arrête après chaque phrase et farfouille avec des maladresses de myope dans la serviette bourrée de notes et de cahiers que tient son planton immobile.

Puis, c'est l'adjudant-major de semaine qui présente le tableau de service, donne des explications interminables sur le cas du tambour de la 2e du 3, qui, dans un bal public du Foirail-aux-Bœufs, a roué de coups des « civils » pour les yeux clairs d'une Margot, se plaint de la saleté des cuisines, de l'ignorance des élèves caporaux, de l'encombrement de l'infirmerie.

Le colonel, qui y est accoutumé, continue à balancer sa chaise et à regarder dans le vide comme s'il y apercevait des fantômes drôles.

Après l'adjudant-major, le capitaine d'habillement, qui prononce d'une voix posée son perpétuel : Rien de nouveau ; le médecin qui donne l'état sanitaire toujours excellent ; les capitaines de compagnies qui n'en finissent plus avec leurs réclamations, qui se démènent inutilement, les uns pour avoir un fourrier, les autres pour avoir un lieutenant ou des képis moins sales, ou des capotes moins ridicules.

Le colonel répond par des monosyllabes calmes, ne dit ni non ni oui, les renvoie au major effaré, qui cherche en vain une circulaire de la division parmi ses papiers.

Debout, tête nue, faisant un demi-cercle autour de la table, les sergents-majors et les fourriers écrivent au crayon sur leur carnet les ordres brefs que dicte enfin le « colo ». L'un d'eux relit ensuite tout haut le rapport, le colonel salue les officiers, allume un cigare et, tandis que dans l'escalier de bois les godillots des sous-officiers font, de marche en marche, un bruit lourd, il cause un instant avec le médecin, le questionne à mi-voix avec un sourire sceptique et, par lambeaux, l'on entend :

— Sérieusement... Avec un régime pareil...

— Jusqu'à soixante-quinze ans, mon colonel ; ainsi le père Chose, vous savez bien...

Et l'adjudant-major, qui est marié, vertueux, et enrage sans trêve contre le monde entier, marmonne à l'oreille du capitaine Caïzergues :

— Si ce n'est pas grotesque, à son âge, de renifler encore les femelles !

FIN

TABLE

AQUARELLES MILITAIRES

FIN DE LA TABL

ÉMILE COLIN — IMPRIMERIE DE LAGNY

EXTRAIT DU CATALOGUE

DE LA

Librairie C. MARPON et E. FLAMMARION

RUE RACINE, 26, PRÈS L'ODÉON

ŒUVRES DE CAMILLE FLAMMARION

Ouvrage couronné par l'Académie Française

ASTRONOMIE POPULAIRE

Quatre-vingtième Mille

Un beau volume grand in-18 jésus de 840 pages

Illustré de 360 gravures, 7 chromolithographies, cartes célestes, etc.

Prix : broché, **12 fr.**; — Relié toile, tr. dor. et plaque, **16 fr.**

Le même ouvrage, édition de luxe, 2 *vol. gr. in*-8°, **20** *fr*

LES ÉTOILES ET LES CURIOSITÉS DU CIEL

DESCRIPTION COMPLÈTE DU CIEL, ÉTOILE PAR ÉTOILE, CONSTELLATIONS, INSTRUMENTS, ETC.

Quarantième Mille

Un volume grand in-8° jésus, illustré de **490** gravures, cartes et chromolithographies

Prix : broché, **12 fr.**; — Relié toile, tr. dorées avec plaque, **16 fr.**

LES TERRES DU CIEL

VOYAGE SUR LES PLANÈTES DE NOTRE SYSTÈME

et descriptions des conditions actuelles de la vie à leur surface

OUVRAGE ILLUSTRÉ

DE PHOTOGRAPHIES CÉLESTES, VUES TÉLESCOPIQUES, CARTES & 400 FIGURES

Un volume grand in-8°

Prix : broché, **12 fr.**; — Relié toile, tr. dorées et plaque, **16 fr.**

LE MONDE AVANT LA CRÉATION DE L'HOMME

ORIGINES DU MONDE

ORIGINES DE LA VIE — ORIGINES DE L'HUMANITÉ

Ouvrage illustré de 400 figures, 5 aquarelles, 8 cartes en couleur

Un volume grand in-8° jésus

Prix : broché, **10 fr.**; — Relié toile, tr. dor., plaques, **14 fr.**

Souscription permanente de ces ouvrages en Livraison à **10** *centimes et en série à* **50** *centimes*

ŒUVRES DE CAMILLE FLAMMARION (Suite)

DANS LE CIEL ET SUR LA TERRE

TABLEAUX ET HARMONIES

ILLUSTRÉS DE QUATRE EAUX-FORTES DE KAUFFMANN

1 volume in-16 grand jésus, — Prix : 5 fr.

LA PLURALITÉ DES MONDES HABITÉS

AU POINT DE VUE DE L'ASTRONOMIE

DE LA PHYSIOLOGIE ET LA PHILOSOPHIE NATURELLE

33e édition. — 1 vol. in-18 avec figures. — Prix : 3 fr. 50

LES MONDES IMAGINAIRES ET LES MONDES RÉELS

REVUE DES THÉORIES HUMAINES SUR LES HABITANTS DES ASTRES

20e édition. — 1 vol. in-18 avec figures. — Prix : 3 fr. 50

DIEU DANS LA NATURE

OU LE SPIRITUALISME ET LE MATÉRIALISME DEVANT LA SCIENCE MODERNE

20e édition. — 1 fort vol. in-18 avec portrait. — Prix : 4 fr.

RÉCITS DE L'INFINI

LUMEN. — HISTOIRE D'UNE AME. — HISTOIRE D'UNE COMÈTE

LA VIE UNIVERSELLE ET ÉTERNELLE

10e édition. — 1 vol. in-18. — Prix : 3 fr. 50

SIR HUMPHRY DAVY

LES DERNIERS JOURS D'UN PHILOSOPHE

ENTRETIENS SUR LA NATURE ET SUR LES SCIENCES

Traduit de l'anglais et annoté

7e édition française. — 1 vol. in-18. — Prix : 3 fr. 50

MES VOYAGES AÉRIENS

JOURNAL DE BORD DE DOUZE VOYAGES EN BALLONS, AVEC PLANS TOPOGRAPHIQUES

1 volume in-18. — Nouvelle édition. — Prix : 3 fr. 50

NOUVELLE COLLECTION JANNET-PICARD

AUTEURS CÉLÈBRES

Volumes elzéviriens in-16 à un franc le volume.

ŒUVRES AUTHENTIQUES

ÉLUCIDÉES PAR DES PRÉFACES, NOTES, NOTICES, VARIANTES, TABLES ANALYTIQUES, GLOSSAIRES, INDEX

- **Molière.** — Œuvres complètes. Notice sur chaque comédie, par Ch. Louandre ... 8
- **Villon.** — Œuvres complètes ... 1
- **Caylus** (Mme de). — Souvenirs ... 1
- **Contes fantastiques.** — Le Diable amoureux, Démon marié Merveilleuse histoire ... 1
- **La Princesse de Clèves** ... 1
- **Malherbe.** — Poésies complètes ... 1
- **Manon Lescaut** ... 1
- **La Fontaine.** — Contes et Nouvelles ... 2
- **La Fontaine.** — Fables ... 2
- **Daphnis et Chloé** ... 1
- **Restif de la Bretonne** :
  - * Contemporaines mêlées ... 1
  - ** — du commun ... 1
  - *** — par gradation ... 1
- **Régnier.** Œuvres complètes ... 1
- **Heptaméron des nouvelles de la reine de Navarre** ... 2
- **Voltaire.** — Dialogues complets ... 3
- **Furetière.** — Le Roman bourgeois ... 2
- **L'homme à bonnes fortunes** ... 1
- **Histoire de don Pablo de Ségovie** ... 1
- **Rabelais.** — Œuvres complètes (Notes et Glossaire) ... 7
- **Aventures de Til Ulespiègle** ... 1
- **Bernardin de Saint-Pierre** Paul et Virginie ... 1
- **Perrault.** — Contes ... 1
- **Le Sage.** — Le Diable boiteux ... 1
- **Fernando de Rojas.** — La Célestine ... 1
- **Clément-Marot,** — Œuvres complètes ... 4
- **Diderot.** — Œuvres choisies :
  - * Le neveu de Rameau ... 2
  - ** Pensées philosophiques ... 1
  - *** La Religieuse ... 1
  - **** Jacques le fataliste ... 1
- **Anatole de Montaiglon.** — Le Roman de Jehan de Paris ... 1
- **Chénier** (André). — Poésies ... 1

TOUS LES VOLUMES SE VENDENT SÉPARÉMENT

Les mêmes ouvrages existent en papier de luxe

Papier vergé, le vol. broché, 2 fr. — Collection cartonnée percaline bleue, 2 fr. 50. — Papier Whatman, broché, 4 fr. — Papier de Chine, 15 fr.

Les titres suivants n'ont pas encore été publiés à un franc le volume

- **Ch. d'Orléans.** — **Poésies complètes** ... 2
- **Montesquieu.** — **Lettres persanes** ... 2
- Heptaméron des Nouvelles de la Reine de Navarre ... 2
- Lettres de Mlle de Lespinasse ... 1
- STAAL (Mme de). — Œuvres : mémoires, lettre, etc. ... 2
- La Reconnaissance de Sakountatà ... 2
- Merveilles de l'Inde (inédit) ... 1

Prix, cartonné percaline bleue, 2 fr. 50

COLLECTION ELZÉVIRIENNE

BOUTMY

Petit Dictionnaire de l'Argot des Typographes, suivi des **Coquilles** typographiques curieuses et célèbres, 1 vol. in-16, elzévir. . . . . 2 fr.
Tirage sur grand papier de Hollande. . . . . 4 fr.

ANDRÉ GILL

La Muse à Bibi. 1 vol. in-16, elzévir. Dessins de l'auteur. . . . . 2 fr.

L. DURIEU

Le Pion. Scènes et charges de collège. 1 vol. in-16, elzévir, avec illustrations de Léonce Petit. . 2 fr.
Tirage sur grand papier de Hollande. . . . . 4 fr.

Ces bons petits Collèges. 1 vol. in-16, elzévir, illustré de 100 dessins inédits de Léonce Petit. . . . . . 2 fr.
Tirage sur grand papier de Hollande. . . . . 4 fr.

SWIFT

L'Art de voler ses maîtres. 1 vol. in-16, elzévir, avec fleurons, culs-de-lampe et dessin de GILL. . . 2 fr.
Tirage sur grand papier de Hollande. . . . 4 fr.

A. RANC

Une évasion à Lambèse. 1 vol. in-16, elzévir. . 2 fr.
Exemplaires sur grand papier de Hollande. . 4 fr.

CHARLES RICHARD

Le Pasteur de Carpes. La princesse Vatanapé, contes japonais, illustrés de 30 dessins en couleur. 1 vol. in-16. . . . . 2 fr.

L. BOURSIN

Les Capucins gourmands, préface de Paul ARÈNE. Illustrations de Léonce Petit. 1 vol. in-16. . . . . . 2 fr.
Exemplaires sur grand papier de Hollande. . 4 fr.

E. COLIN — IMPRIMERIE DE LAGNY

PARIS. — IMP. C. MARPON ET E. FLAMMARION, RUE RA[illegible]

www.ingramcontent.com/pod-product-compliance
Ingram Content Group UK Ltd.
Pitfield, Milton Keynes, MK11 3LW, UK
UKHW020949230726
13923UKWH00007B/146

9 782019 953669